A-Z RICHMOND UPON THAMES
KINGSTON UPON THAMES

Key to Maps

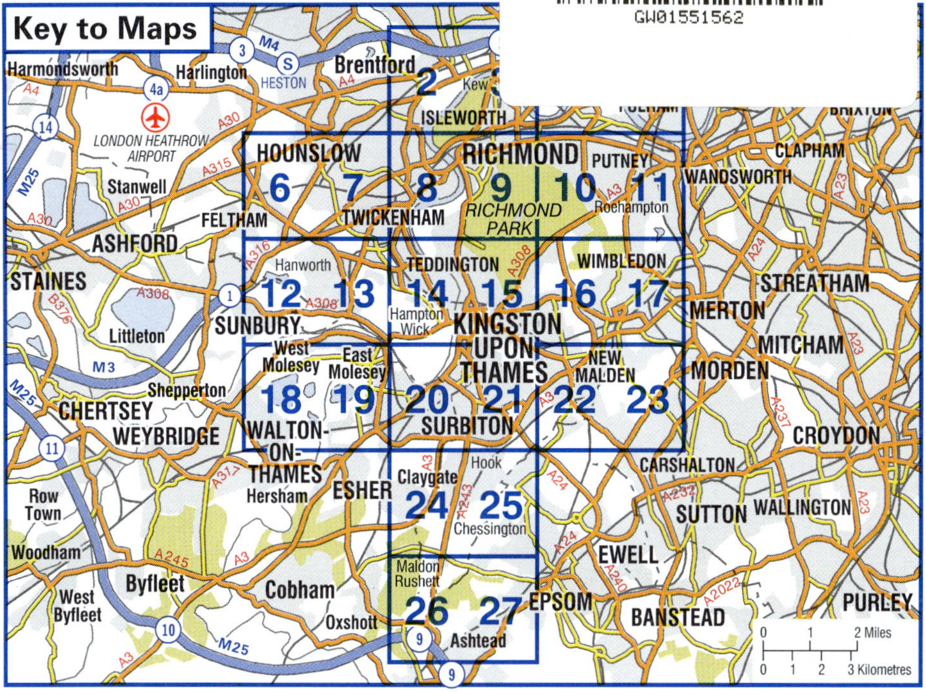

Reference

Motorway	M4	
A Road	A240	
B Road	B235	
Dual Carriageway		
One Way Street — Traffic flow on A roads is indicated by a heavy line on the drivers' left		
Junction Name	MANOR CIRCUS	
Pedestrianized Road		
Restricted Access		
Track & Footpath		
Residential Walkway		
Railway	Tunnel / Level Crossing / Station	
Underground Station	●	
Croydon Tramlink (Est. Open 2000)	Tunnel / Station	
Built Up Area	HIGH STREET	
Local Authority Boundary		
Posttown & London Postal District Boundaries		
Postcode Boundary within Posttown		
Map Continuation	5	
Church or Chapel	†	
Fire Station	■	
Hospital	H	
House Numbers — A & B Roads Only	2 33	
Information Centre	i	
National Grid Reference	505	
Police Station	▲	
Post Office	★	
Disabled Toilet		

Scale
1:19,000
3⅓ inches to 1 mile

0 ¼ ½ ¾ Mile
0 250 500 750 Metres 1 Kilometre

Copyright of Geographers' A-Z Map Company Limited

Head Office : Fairfield Road, Borough Green, Sevenoaks, Kent TN15 8PP Tel: 01732 781000
Showrooms : 44 Gray's Inn Road, London WC1X 8HX Tel: 0171 242 9246

The Maps in this Atlas are based upon the Ordnance Survey mapping with the permission of the Controller of Her Majesty's Stationery Office

© 1998 EDITION 2   © Crown Copyright (399000)

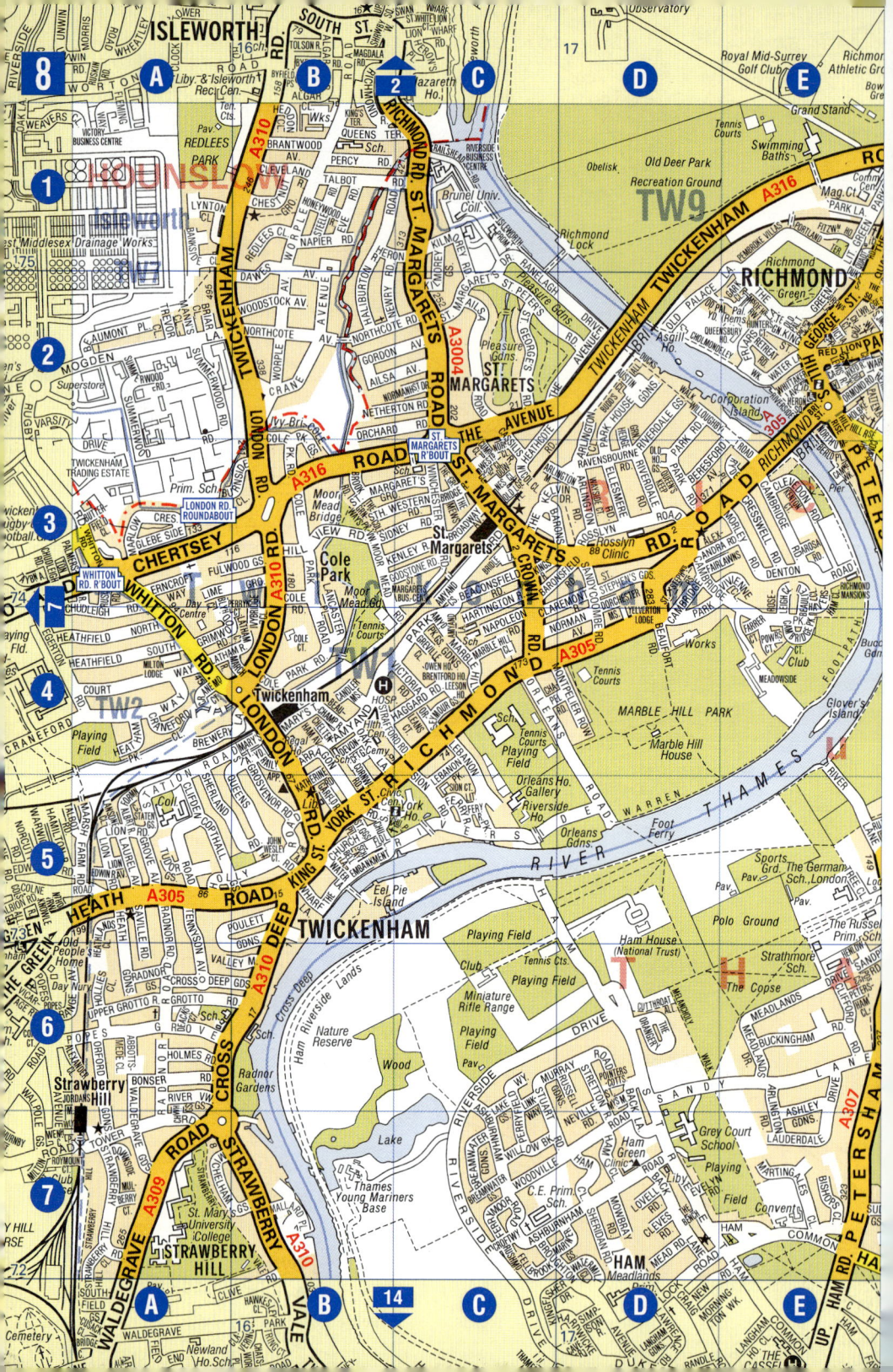

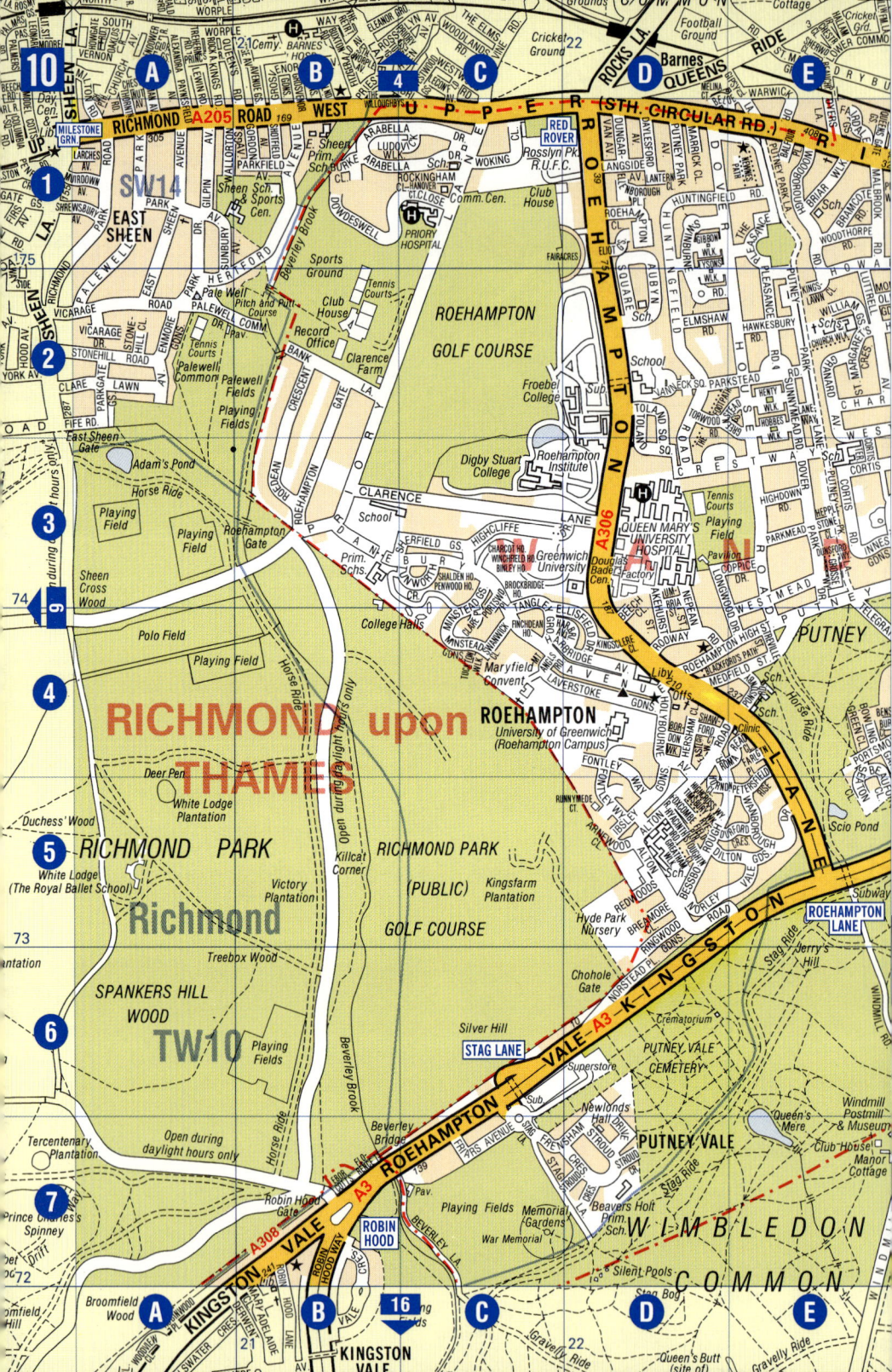

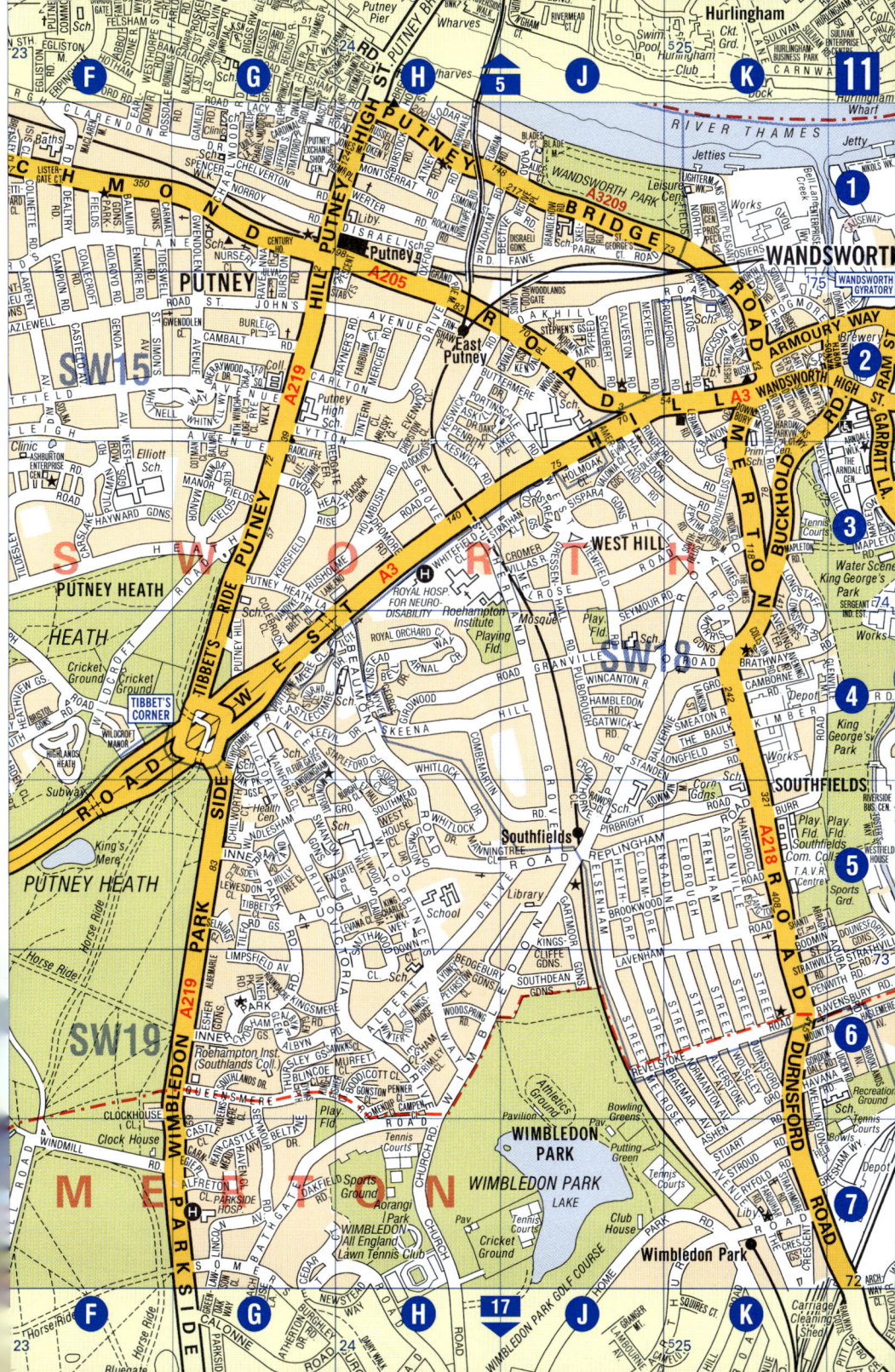

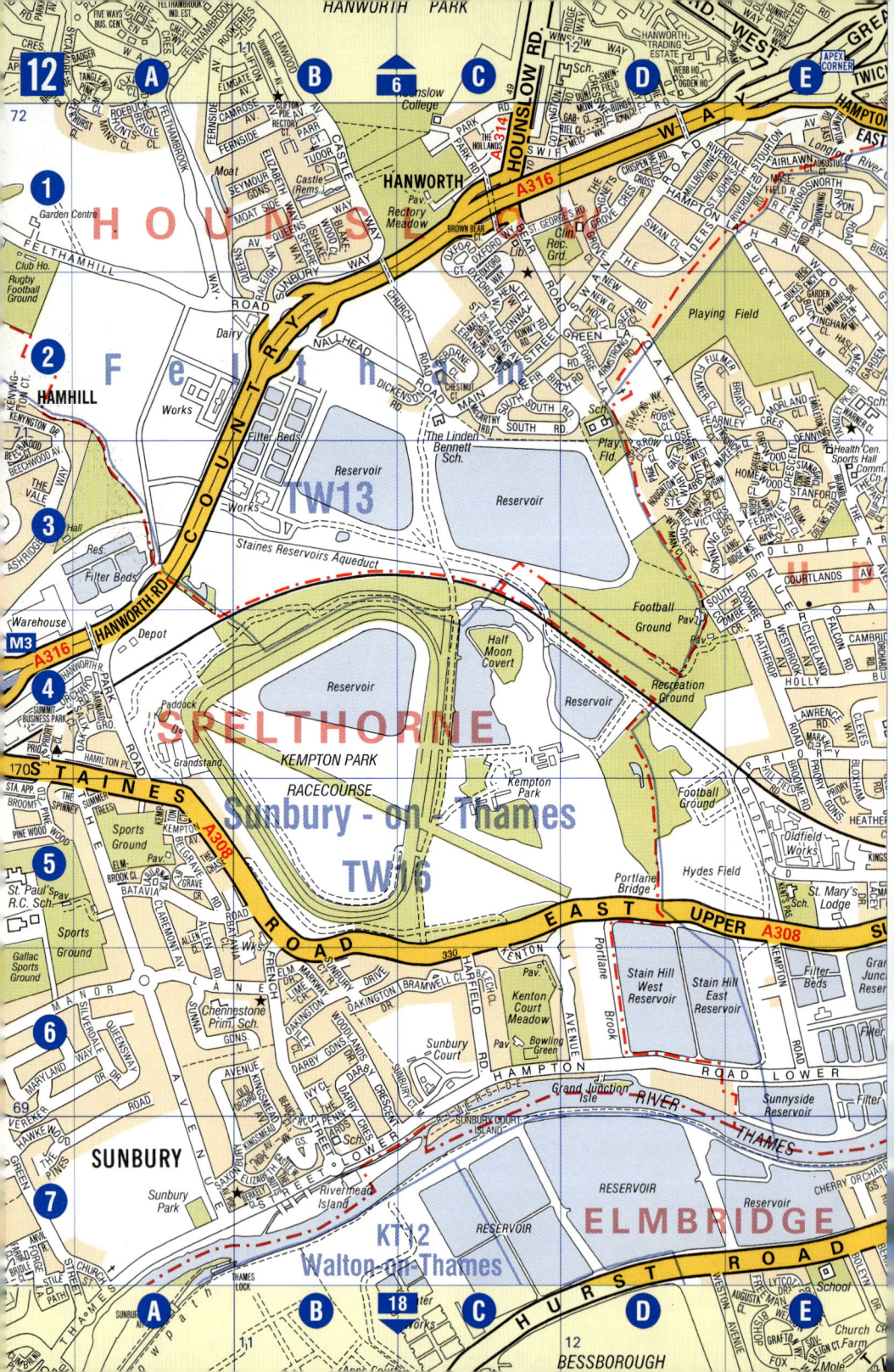

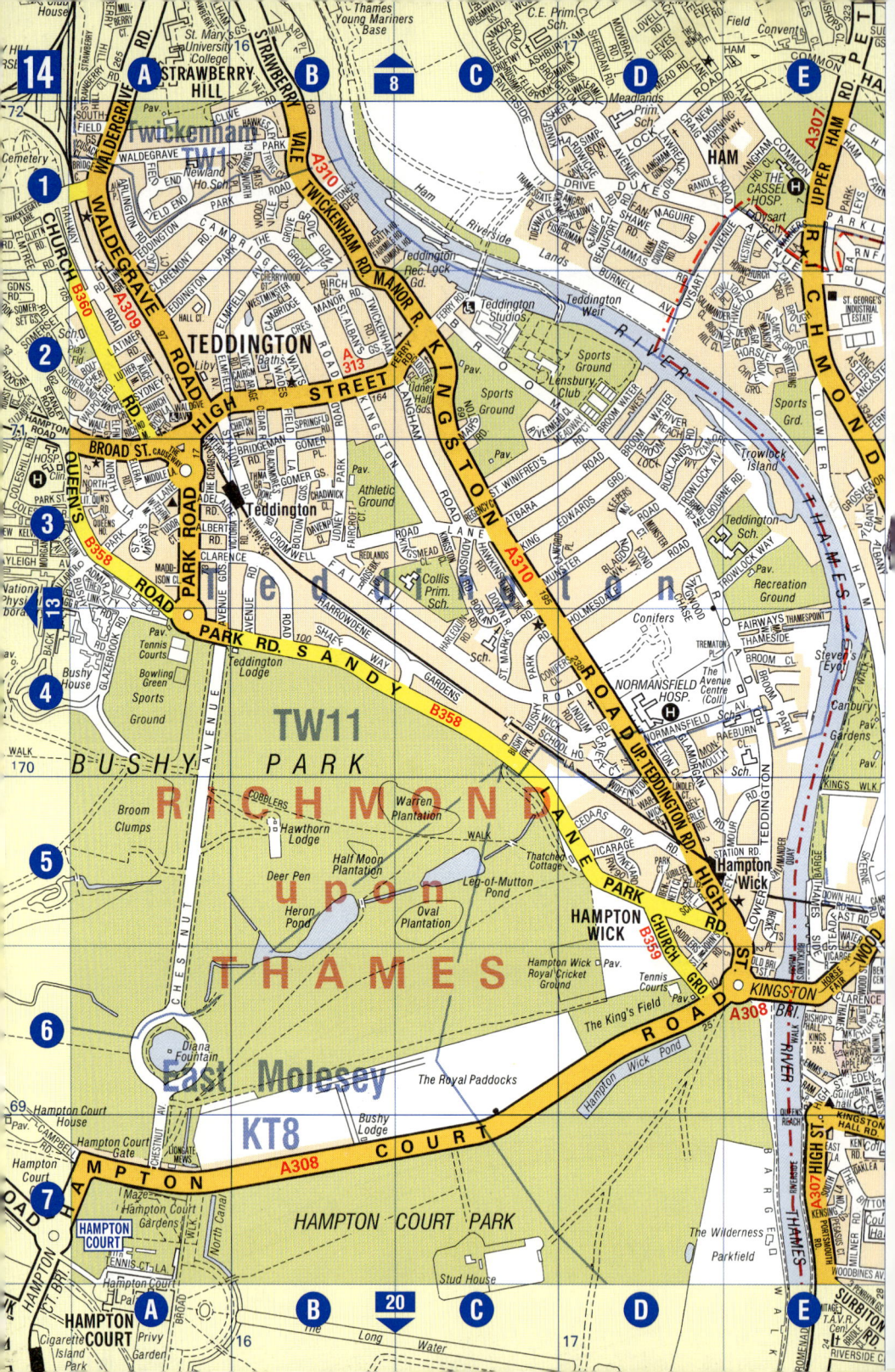

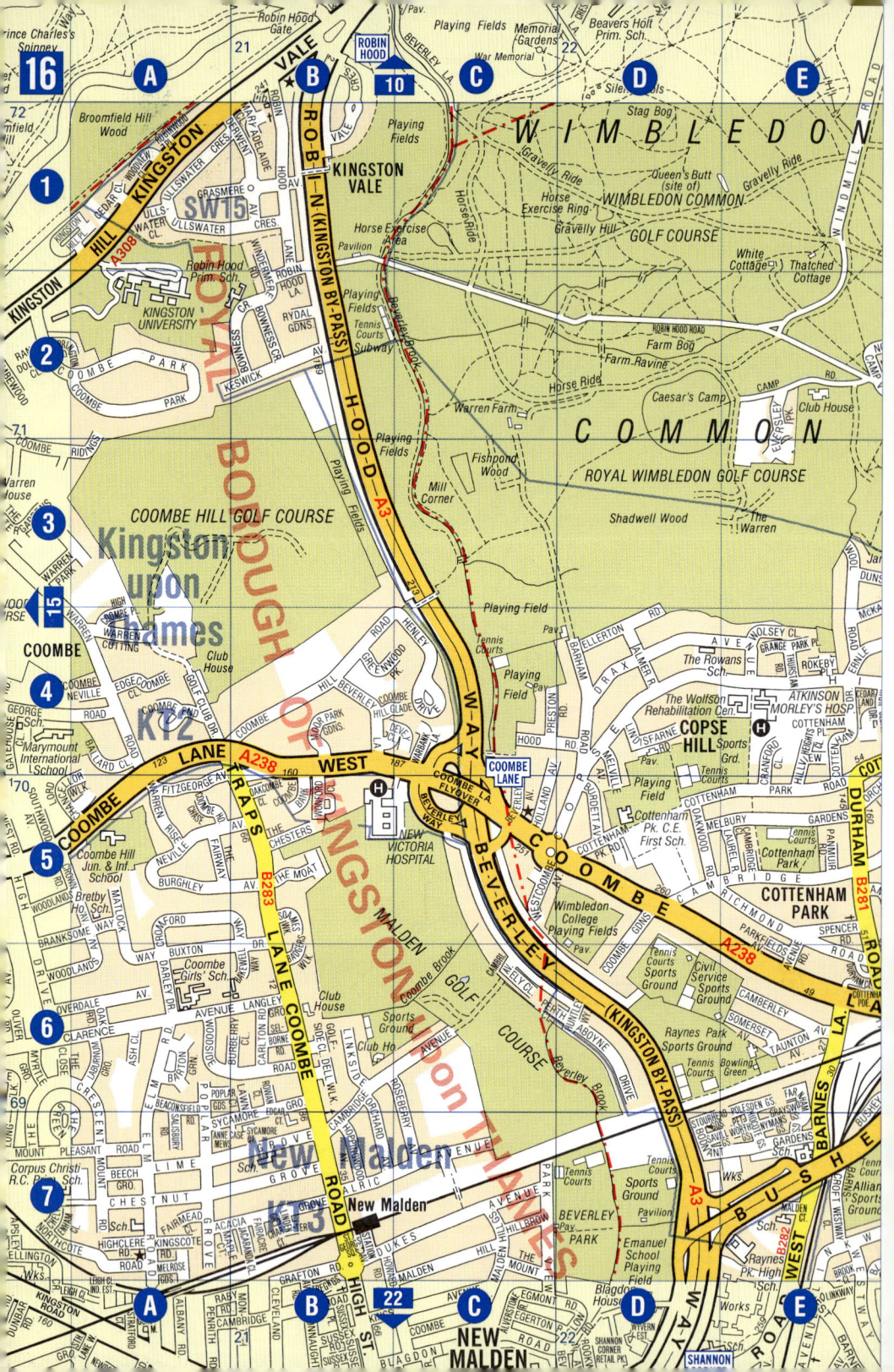

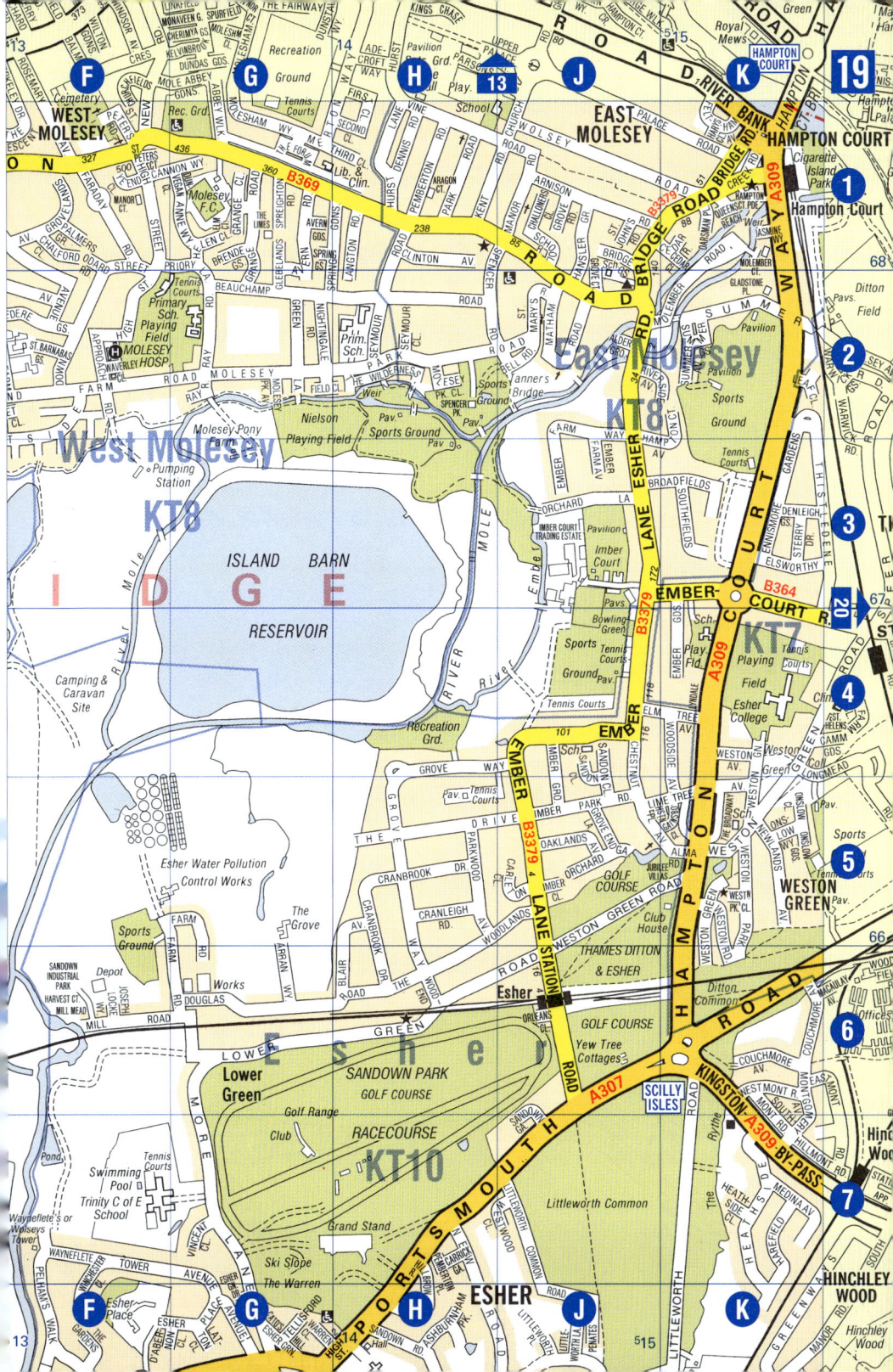

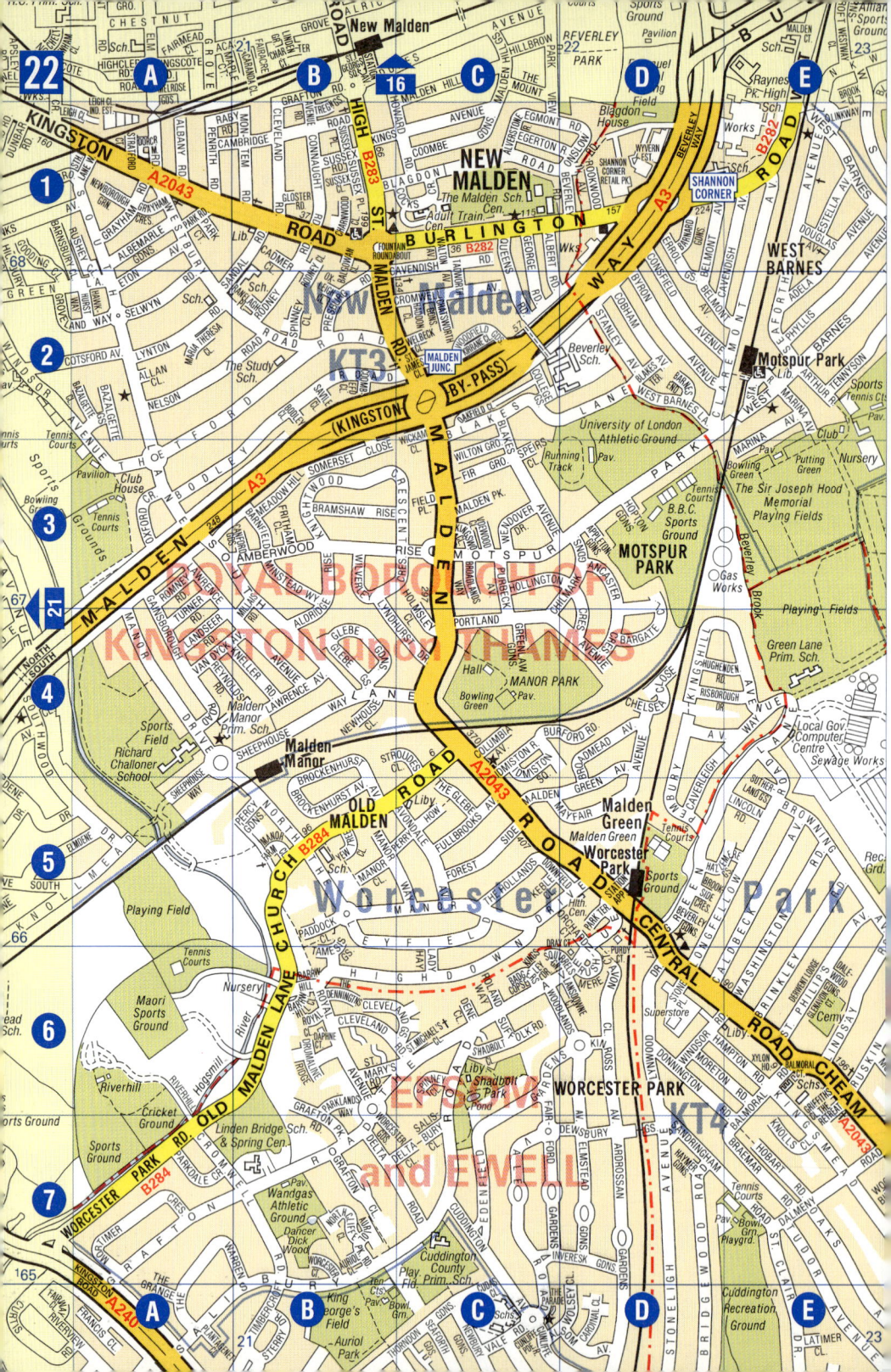

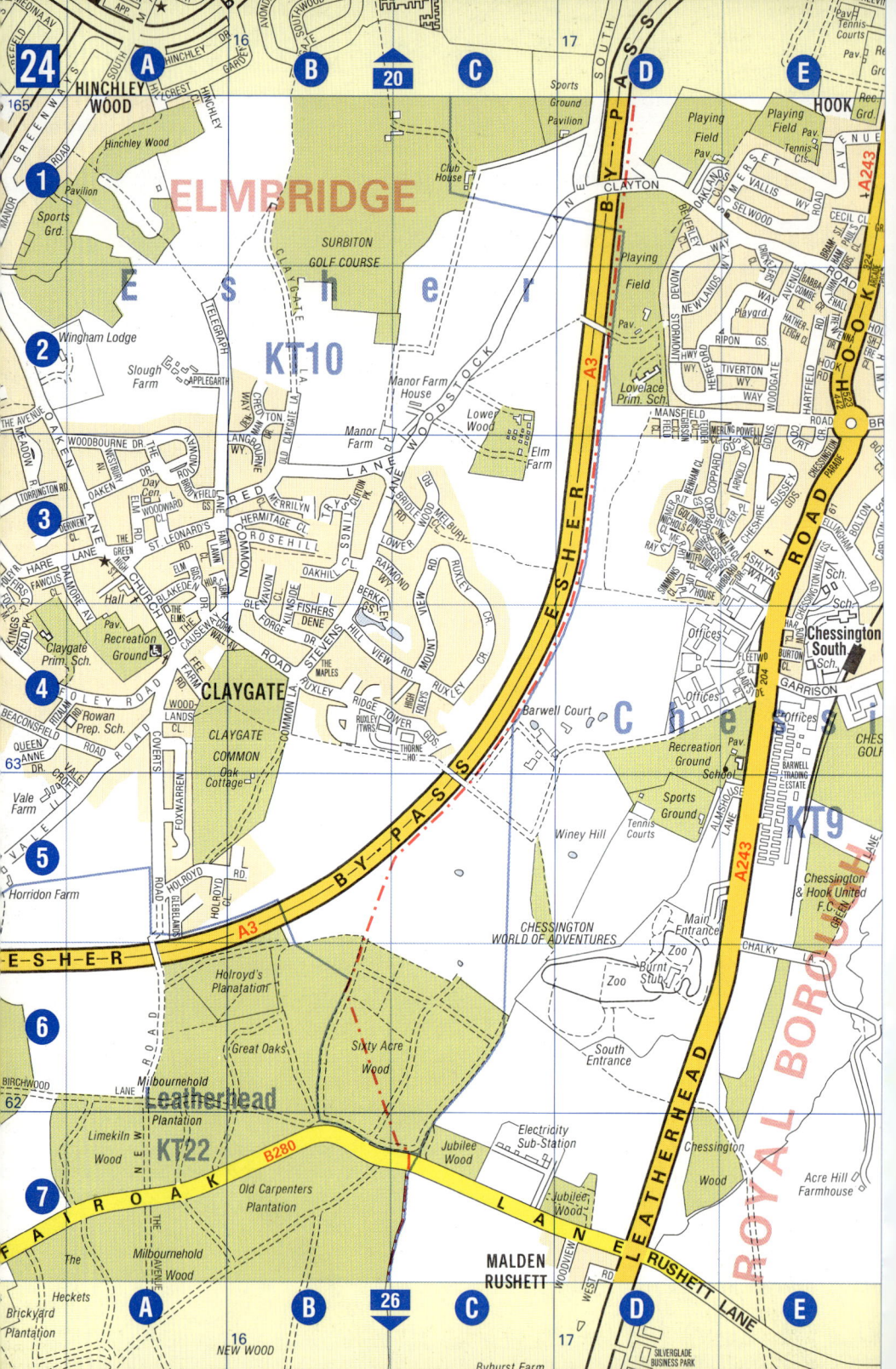

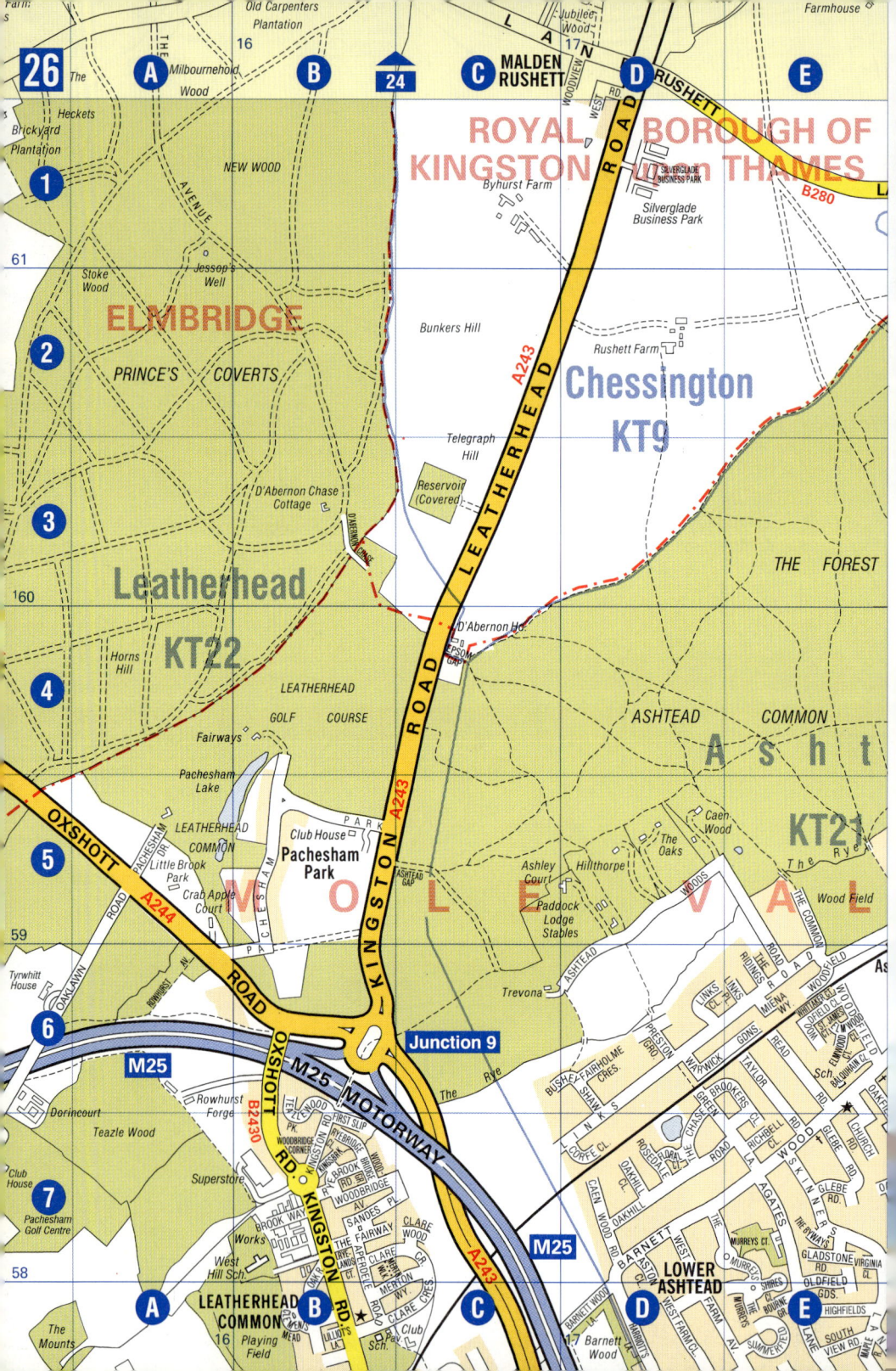

INDEX TO STREETS
Including Industrial Estates, Junction Names and a selection of Subsidiary Addresses

HOW TO USE THIS INDEX

1. Each street name is followed by its Postal District (or, if outside the London Postal District, by its Posttown or Postal Locality), and then by its map reference; e.g. Abbott Av. *SW20* —5G **17** is in the South West 20 Postal District and is to be found in square 5G on page **17**. The page number being shown in bold type. A strict alphabetical order is followed in which Av., Rd., St., etc. (though abbreviated) are read in full and as part of the street name; e.g. Alderman Judge Mall appears after Alder Lodge but before Alder Rd.

2. Streets and a selection of Subsidiary names not shown on the Maps, appear in the index in *Italics* with the thoroughfare to which it is connected shown in brackets; e.g. *Adam Wlk. SW6* —4F **5** (off Crabtree La.)

3. With the now general usage of Postcodes for addressing mail, it is not recommended that this index is used for such a purpose.

GENERAL ABBREVIATIONS

All : Alley	Chyd : Churchyard	Ga : Gate	M : Mews	Sta : Station
App : Approach	Circ : Circle	Gt : Great	Mt : Mount	St : Street
Arc : Arcade	Cir : Circus	Grn : Green	N : North	Ter : Terrace
Av : Avenue	Clo : Close	Gro : Grove	Pal : Palace	Trad : Trading
Bk : Back	Comn : Common	Ho : House	Pde : Parade	Up : Upper
Boulevd : Boulevard	Cotts : Cottages	Ind : Industrial	Pk : Park	Vs : Villas
Bri : Bridge	Ct : Court	Junct : Junction	Pas : Passage	Wlk : Walk
B'way : Broadway	Cres : Crescent	La : Lane	Pl : Place	W : West
Bldgs : Buildings	Dri : Drive	Lit : Little	Quad : Quadrant	Yd : Yard
Bus : Business	E : East	Lwr : Lower	Rd : Road	
Cvn : Caravan	Embkmt : Embankment	Mnr : Manor	Shop : Shopping	
Cen : Centre	Est : Estate	Mans : Mansions	S : South	
Chu : Church	Gdns : Gardens	Mkt : Market	Sq : Square	

POSTTOWN AND POSTAL LOCALITY ABBREVIATIONS

Asht : Ashtead	*Esh* : Esher	*Hin W* : Hinchley Wood	*Oxs* : Oxshott	*Twic* : Twickenham
Bren : Brentford	*Ewe* : Ewell	*Houn* : Hounslow	*Rich* : Richmond	*W on T* : Walton-on-Thames
Cars : Carshalton	*Felt* : Feltham	*Iswth* : Isleworth	*Sun* : Sunbury-on-Thames	*W Ewe* : West Ewell
Chess : Chessington	*Ham* : Ham	*Kew* : Kew	*Surb* : Surbiton	*W Mol* : West Molesey
Clay : Claygate	*Hamp* : Hampton	*King T* : Kingston upon Thames	*Sutt* : Sutton	*Whit* : Whitton
Dit H : Ditton Hill	*Hamp H* : Hampton Hill	*Lea* : Leatherhead	*Swan* : Swanley	*Wor Pk* : Worcester Park
E Mol : East Molesey	*Hamp W* : Hampton Wick	*Mord* : Morden	*Tedd* : Teddington	
Eps : Epsom	*Han* : Hanworth	*N Mald* : New Malden	*Th Dit* : Thames Ditton	

INDEX TO STREETS

Abbey Ct. *Hamp* —4F **13**
Abbey Gdns. *W6* —3H **5**
Abbey Wlk. *W Mol* —7G **13**
Abbotsbury Rd. *Mord* —2K **23**
Abbotstone Rd. *SW15* —7F **5**
Abbott Av. *SW20* —5G **17**
Abbott Clo. *Hamp* —3D **12**
Abbottsmede Clo. *Twic* —6A **8**
Abbotts Rd. *Sutt* —7H **23**
Abbott's Tilt. *W On T* —7D **18**
Abingdon Rd. *W8* —1K **5**
Abingdon Vs. *W8* —1K **5**
Abinger Clo. *Iswth* —1K **7**
Abinger Rd. *W4* —1C **4**
Aboyne Rd. *SW20* —6D **16**
Acacia Av. *Bren* —4C **2**
Acacia Av. *Rich* —6G **3**
Acacia Clo. *Sutt* —5K **23**
Acacia Gro. *N Mald* —7A **16**
Acacia Rd. *Hamp* —6F **13**
A.C. Court. *Th Dit* —3B **20**
Ace Pde. *Chess* —7F **21**
Acfold Rd. *SW6* —5K **5**
Ackmar Rd. *SW6* —5K **5**
Acorn Clo. *Hamp* —3G **13**
Acre Rd. *King T* —5F **15**
Acton La. *W4 & W3* —1K **3**
 (in three parts)
Acuba Rd. *SW18* —6K **11**
Adams Clo. *Surb* —3G **21**
Adams Wlk. *King T* —6F **15**
Adam Wlk. SW6 —4F **5**
 (off Crabtree La.)
Addington Ct. *SW14* —7A **4**
Addison Bri. Pl. *W14* —1J **5**
Addison Gdns. *Surb* —1G **21**
Addison Gro. *W4* —2A **4**
Addison Rd. *W14* —1J **5**
Addison Rd. *Tedd* —3C **14**
Addison Ter. *W4* —1K **3**
 (off Chiswick La.)
Adecroft Way. *W Mol* —7H **13**
Adela Av. *N Mald* —2E **22**
Adelaide Rd. *SW18* —2K **11**
Adelaide Rd. *Rich* —1G **9**
Adelaide Rd. *Surb* —2F **21**
Adelaide Rd. *Tedd* —3A **14**

Adelaide Rd. *W On T* —7A **18**
Adelaide Ter. *Bren* —2E **2**
Adelphi Ct. *W4* —3A **4**
Adeney Clo. *W6* —3G **5**
Adie Ho. *W6* —1F **5**
Admark Ho. *Eps* —4J **27**
Admiral Ho. *Tedd* —1B **14**
Admiralty Rd. *Tedd* —3A **14**
Agar Clo. *Surb* —6G **21**
Agates La. *Asht* —7E **26**
Ailsa Av. *Twic* —2B **8**
Ailsa Rd. *Twic* —2C **8**
Aintree Est. *SW6* —4H **5**
 (off Aintree St.)
Aintree St. *SW6* —4H **5**
Airedale Av. *W4* —1C **4**
Airedale Av. S. *W4* —2C **4**
Aisgill Av. *W14* —2J **5**
 (in two parts)
Aiten Pl. *W6* —1D **4**
Akehurst St. *SW15* —3D **10**
Akerman Rd. *Surb* —3D **20**
Alan Rd. *SW19* —2H **17**
Albany Clo. *SW14* —1J **9**
Albany M. *King T* —5D **14**
Albany Pde. *Bren* —3F **3**
Albany Pk. Rd. *King T* —3E **14**
Albany Pas. *Rich* —2F **9**
Albany Pl. *Bren* —3E **2**
Albany Reach. *Th Dit* —2A **20**
Albany Rd. *SW19* —2K **17**
Albany Rd. *Bren* —3E **2**
Albany Rd. *N Mald* —1A **22**
Albany Rd. *Rich* —2G **9**
Albany Ter. Rich —2G **9**
 (off Albany Pas.)
Albemarle. *SW19* —6G **11**
Albemarle Av. *Twic* —5E **6**
Albemarle Gdns. *N Mald*
—1A **22**
Albert Dri. *SW19* —6H **11**
Albert Gro. *SW20* —1G **17**
Albert Rd. *Asht* —7G **27**
Albert Rd. *Hamp* —2E **13**
Albert Rd. *Houn* —1F **7**
Albert Rd. *King T* —6G **15**
Albert Rd. *N Mald* —1C **22**

Albert Rd. *Rich* —2F **9**
Albert Rd. *Tedd* —3A **14**
Albert Rd. *Twic* —5A **8**
Albion Gdns. *W6* —1E **4**
Albion M. *W6* —1E **4**
Albion Pl. *W6* —1E **4**
Albion Rd. *King T* —5K **15**
Albion Rd. *Houn* —1F **7**
Albion Rd. *Twic* —5K **7**
Albury Av. *Iswth* —4A **2**
Albury Clo. *Hamp* —3G **13**
Albury Rd. *Chess* —2F **25**
Alcorn Clo. *Sutt* —6K **23**
Aldensley Rd. *W6* —1E **4**
Alderbury Rd. *SW13* —3D **4**
Alder Lodge. *SW6* —5G **5**
Alderman Judge Mall. *King T*
—6F **15**
Alder Rd. *SW14* —7A **4**
Aldersbrook Dri. *King T*
—3G **15**
Alders Gro. *E Mol* —2J **19**
Alders, The. *Felt* —1D **12**
Alderville Rd. *SW6* —6J **5**
Aldrich Gdns. *Sutt* —7J **23**
Aldridge Rise. *N Mald* —4B **22**
Alexa Ct. *W8* —1K **5**
Alexander Clo. *Twic* —6A **8**
Alexander Godley Clo. *Asht*
—7G **27**
Alexandra Av. *W4* —4A **4**
Alexandra Av. *Sutt* —7K **23**
Alexandra Clo. *W On T* —6A **18**
Alexandra Dri. *Surb* —4H **21**
Alexandra Gdns. *W4* —4A **4**
Alexandra M. *SW19* —3J **17**
Alexandra Rd. *SW14* —7A **4**
Alexandra Rd. *SW19* —3J **17**
Alexandra Rd. *Bren* —3E **2**
Alexandra Rd. *King T* —5H **15**
Alexandra Rd. *Rich* —6G **3**
Alexandra Rd. *Th Dit* —2K **19**
Alexandra Rd. *Twic* —3D **8**
Alexandra Sq. *Mord* —2K **23**
Alfred Clo. *W4* —1A **4**
Alfred Rd. *Felt* —6B **6**
Alfred Rd. *King T* —7F **15**

Alfreton Clo. *SW19* —7G **11**
Alfriston. *Surb* —3G **21**
Alfriston Clo. *Surb* —2G **21**
Algar Clo. *Iswth* —7B **2**
Algar Rd. *Iswth* —7B **2**
Alice Ct. *SW15* —1J **11**
Alice Gilliatt Ct. *W14* —3J **5**
 (off Star Rd.)
Alice M. *Tedd* —2A **14**
Alice Way. *Houn* —1G **7**
Alkerden Rd. *W4* —2B **4**
Allan Clo. *N Mald* —2A **22**
Allbrook Clo. *Tedd* —2K **13**
Allen Clo. *Sun* —5A **12**
Allenford Ho. *SW15* —3B **10**
 (off Tunworth Cres.)
Allen Rd. *Sun* —5A **12**
Allen St. *W8* —1K **5**
Allestree Rd. *SW6* —4H **5**
Allgood Clo. *Mord* —3G **23**
Allington Clo. *SW19* —2G **17**
All Saints Pas. *SW18* —2K **11**
Alma Ho. *Bren* —3F **3**
Alma Pl. *N Mald* —1B **22**
Alma Rd. *Esh* —5K **19**
Alma Ter. *W8* —1K **5**
Almer Rd. *SW20* —4D **16**
Almond Gro. *Bren* —4C **2**
Almshouse La. *Chess* —5E **24**
Alpha Pl. *Mord* —5G **23**
Alpha Rd. *Surb* —3G **21**
Alpha Rd. *Tedd* —2J **13**
Alpine Av. *Surb* —6K **21**
Alpine Rd. *W On T* —4A **18**
Alric Av. *N Mald* —7B **16**
Alsom Av. *Wor Pk* —7D **22**
Alston Clo. *Surb* —4C **20**
Alt Gro. *SW19* —4J **17**
Alton Clo. *Iswth* —6A **2**
Alton Gdns. *Twic* —4J **7**
Alton Rd. *SW15* —5D **10**
Alton Rd. *Rich* —1F **9**
Alverstone Av. *SW19* —6K **11**
Alverstone Rd. *N Mald* —1C **22**
Alway Av. *Eps* —2K **25**
Alwyn Av. *W4* —2A **4**
Alwyne Rd. *SW19* —3J **17**
Amalgamated Dri. *Bren* —3B **2**

Amberley Way. *Houn* —2B **6**
Amberley Way. *Mord* —4J **23**
Amberside Clo. *Iswth* —3J **7**
Amberwood Rise. *N Mald*
—3B **22**
Ambleside Av. *W On T* —5B **18**
Amenity Way. *Mord* —4F **23**
Amerland Rd. *SW18* —2J **11**
Amesbury Clo. *Wor Pk* —5F **23**
Amesbury Rd. *Felt* —6C **6**
Amhurst Gdns. *Iswth* —6A **2**
Amis Av. *Eps* —3J **25**
Amity Gro. *SW20* —5E **16**
Amor Rd. *W6* —1F **5**
Amyand Cotts. *Twic* —3C **8**
Amyand La. *Twic* —4C **8**
Amyand Pk. Gdns. *Twic* —4C **8**
Amyand Pk. Rd. *Twic* —4B **8**
Ancaster Cres. *N Mald* —3D **22**
Anchorage Clo. *SW19* —2K **17**
Ancill Clo. *W6* —3G **5**
Anderson Clo. *Eps* —1J **27**
Anderson Pl. *Houn* —1G **7**
Andover Rd. *Twic* —5J **7**
Andrews Clo. *Wor Pk* —6G **23**
Angelfield. *Houn* —2G **7**
Angel Rd. *Th Dit* —4B **20**
Angel Wlk. *W6* —1F **5**
Anglers Clo. *Rich* —1D **14**
Anglers Reach. *Surb* —2E **20**
Anglers, The. *King T* —7E **14**
 (off High St. Kingston
 upon Thames.)
Anglesea Rd. *King T* —1E **20**
Angus Clo. *Chess* —2H **25**
Anlaby Rd. *Tedd* —2K **13**
Annandale Rd. *W4* —2B **4**
Anne Boleyn's Wlk. *King T*
—2F **15**
Anne Case M. *N Mald* —7E **16**
Anne Way. *W Mol* —1G **19**
Anselm Rd. *SW6* —3K **5**
Anstice Clo. *W4* —4B **4**
Anton Ct. *Sutt* —7K **23**
Antrobus Rd. *W4* —1K **3**
Anvil Rd. *Sun* —7A **12**
Aperdele Rd. *Lea* —7B **26**

28 A-Z Richmond & Kingston

Apex Corner. (Junct.)—Bell Ind. Est.

Apex Corner. (Junct.) —7E 6
Appleby Clo. Twic —6J 7
Apple Garth. Bren —1E 2
Applegarth. Clay —2A 24
Applegarth Rd. W14 —1G 5
Apple Gro. Chess —1F 25
Apple Mkt. King T —6E 14
Appleton Gdns. N Mald —3D 22
Approach Rd. SW20 —6F 17
Approach Rd. W Mol —2F 19
April Clo. Asht —7G 27
April Clo. Felt —7A 6
Apsley Rd. N Mald —7K 15
Arabella Dri. SW15 —1B 10
Aragon Av. Th Dit —2A 20
Aragon Ct. E Mol —1H 19
Aragon Rd. King T —2F 15
Aragon Rd. Mord —3G 23
Aragon Rd. Twic —4B 8
Arcade Pde. Chess —2F 25
Archdale Pl. N Mald —7J 15
Archel Rd. W14 —3J 5
Archer Clo. King T —4F 15
Archer M. Hamp —3H 13
Arch Rd. W On T —7C 18
Archway Clo. SW19 —7K 11
Archway St. SW13 —7B 4
Ardleigh Gdns. Sutt —4K 23
Ardmay Gdns. Surb —2F 21
Ardrossan Gdns. Wor Pk —7D 22
Ardshiel Clo. SW15 —7G 5
Argon M. SW6 —4K 5
Argyle Av. Houn —3F 7
Argyle Pl. W6 —1E 4
Argyle Rd. Houn —2G 7
Arklow M. Surb —6F 21
Arlesey Clo. SW15 —2H 11
Arlington Clo. Sutt —6K 23
Arlington Clo. Twic —3D 8
Arlington Gdns. W4 —2K 3
Arlington M. Twic —3C 8
Arlington Pk. Mans. W4 —2K 3 (off Sutton La. N.)
Arlington Pas. Tedd —1A 14
Arlington Rd. Rich —6E 8
Arlington Rd. Surb —3E 20
Arlington Rd. Tedd —1A 14
Arlington Rd. Twic —3D 8
Armadale Rd. SW6 —3K 5
Armadale Rd. Felt —2A 6
Armfield Clo. W Mol —2E 18
Armoury Way. SW18 —2K 11
Armstrong Rd. Felt —2D 12
Arnal Cres. SW18 —4H 11
Arndale Cen., The. SW18 —3K 11
Arndale Wlk. SW18 —2K 11
Arnewood Clo. SW15 —5D 10
Arnison Rd. E Mol —1J 19
Arnold Cres. Iswth —2J 7
Arnold Dri. Chess —3E 24
Arnold Mans. W14 —3H 5 (off Queen's Club Gdns.)
Arnott Clo. W4 —1A 4
Arosa Rd. Twic —3E 8
Arragon Rd. SW18 —5K 11
Arran Way. Esh —6G 19
Arrow Ct. SW5 —1K 5 (off W. Cromwell Rd.)
Arterberry Rd. SW20 —4F 17
Arthur Henderson Ho. SW6 (off Fulham Rd.) —6J 5
Arthur Rd. SW19 —1K 17
Arthur Rd. King T —4H 15
Arthur Rd. N Mald —2E 22
Arundel Av. Mord —1J 23
Arundel Clo. Hamp —2G 13
Arundel Mans. SW6 —5J 5 (off Kelvedon Rd.)
Arundel Rd. Houn —1B 6
Arundel Rd. King T —6J 15
Arundel Ter. SW13 —3E 4
Ashbourne Gro. W4 —2B 4
Ashbourne Ter. SW19 —4K 17
Ashburnham Pk. Esh —7H 19
Ashburnham Rd. Rich —7C 8
Ashburton Enterprise Cen. SW15 —3F 11
Ashby Av. Chess —3H 25
Ash Clo. N Mald —6A 16
Ashcombe Av. Surb —4E 20
Ashcombe Rd. SW19 —2K 17
Ashcombe Sq. N Mald —7K 15
Ashcombe St. SW6 —6K 5
Ash Ct. SW19 —4H 17
Ash Ct. Eps —1K 25
Ashcroft Rd. Chess —7G 21
Ashcroft Sq. W6 —1F 5
Ashdale Clo. Twic —4H 7
Ashdale Way. Twic —4G 7
Ashdown Rd. King T —6F 15
Ashen Gro. SW19 —7K 11
Ashfield Av. Felt —5A 6
Ashfield Clo. Rich —5F 9
Ashington Rd. SW6 —6J 5
Ashleigh Ct. W7 —1E 2 (off Murray Rd.)
Ashleigh Rd. SW14 —7B 4
Ashley Av. Eps —2K 27
Ashley Av. Mord —2K 23
Ashley Cen. Eps —2K 27
Ashley Dri. Twic —4G 7
Ashley Dri. W on T —7A 18
Ashley Gdns. Rich —6E 8
Ashley Pk. Rd. W on T —7A 18
Ashley Rd. SW19 —3K 17
Ashley Rd. Hamp —5F 13
Ashley Rd. Rich —7F 3
Ashley Rd. Th Dit —3A 20
Ashley Sq. Eps —2K 27 (off Ashley Cen.)
Ashlone Rd. SW15 —7G 5
Ashlyns Way. Chess —3E 24
Ashmount Ter. W5 —1E 2
Ashridge Way. Mord —1J 23
Ashridge Way. Sun —3A 12
Ash Rd. Sutt —4H 23
Ashtead Gap. Lea —5C 26
Ashtead Woods Rd. Asht —6D 26
Ashton Gdns. Houn —1E 6
Ash Tree Clo. Surb —6F 21
Ashurst. Eps —3K 27
Asilone Rd. SW15 —7F 5
Askill Dri. SW15 —2H 11
Aspen Gdns. W6 —2E 4
Aspenlea Rd. W6 —3G 5
Aspen Way. Felt —7A 6
Assher Rd. W On T —7D 18
Aston Clo. Asht —7D 26
Aston Rd. SW20 —6F 17
Astonville St. SW18 —5K 11
Astor Clo. King T —3J 15
Atalanta St. SW6 —4G 5
Atbara Rd. Tedd —3C 14
Atcham Rd. Houn —1H 7
Athelstan Rd. King T —1G 21
Athena Clo. King T —7G 15
Atherley Way. Houn —4E 6
Atherton Dri. SW19 —1G 17
Atherton Rd. SW13 —4D 4
Atney Rd. SW15 —1H 11
Atwood Av. Rich —6H 3
Atwood Rd. W6 —1E 4
Atwoods All. Rich —5H 3
Aubyn Sq. SW15 —2D 10
Auckland Rd. King T —1G 21
Audley Ct. Twic —7J 7
Audley Firs. W On T —7B 18
Audley Rd. Rich —2G 9
Audric Clo. King T —5H 15
Augusta Clo. W Mol —1E 18
Augusta Rd. Twic —6H 7
Augustine Rd. W14 —1G 5
Augustus Clo. Bren —4D 2
Augustus Ct. Felt —1E 12
Augustus Rd. SW19 —5G 11
Auriol Clo. Wor Pk —7B 22
Auriol Pk. Rd. Wor Pk —7B 22
Auriol Rd. W14 —1H 5
Austin Clo. Twic —2D 8
Austyn Gdns. Surb —5J 21
Avalon Clo. SW20 —6H 17
Avebury Pk. Surb —4E 20
Avebury Rd. SW19 —5J 17
Avening Rd. SW18 —4K 11
Avening Ter. SW18 —4K 11
Avenue Elmers. Surb —2F 21
Avenue Gdns. SW14 —7B 4
Avenue Gdns. Tedd —4A 14
Avenue Pde. Sun —7A 12
Avenue Rd. SW20 —6E 16
Avenue Rd. Bren —2D 2
Avenue Rd. Hamp —5G 13
Avenue Rd. Iswth —5A 2
Avenue Rd. King T —7F 15
Avenue Rd. N Mald —1B 22
Avenue Rd. Tedd —4B 14
Avenue S. Surb —4H 21
Avenue Ter. N Mald —7K 15
Avenue, The. W4 —1B 4
Avenue, The. Clay —2A 24
Avenue, The. Hamp —3E 12
Avenue, The. Houn —2G 7
Avenue, The. Oxs —7A 24
Avenue, The. Rich —6G 3
Avenue, The. Sun —6A 12
Avenue, The. Surb —4H 21
Avenue, The. Twic —2C 8
Avenue, The. Wor Pk —6B 22
Averill St. W6 —3G 5
Avern Gdns. W Mol —1G 19
Avern Rd. W Mol —1G 19
Avon Clo. Wor Pk —6D 22
Avondale Av. Esh —7B 20
Avondale Av. Wor Pk —5C 22
Avondale Gdns. Houn —2E 6
Avondale Rd. SW14 —7B 4
Avondale Rd. SW19 —2K 17
Avonmore Gdns. W14 —1J 5
Avonmore Pl. W14 —1J 5 (off Avonmore Rd.)
Avonmore Rd. W14 —1H 5
Axwood. Eps —4K 27
Aylett Rd. Iswth —6A 2
Ayliffe Clo. King T —6H 15
Aylward Rd. SW20 —6J 17
Aynhoe Mans. W14 —1G 5 (off Aynhoe Rd.)
Aynhoe Rd. W14 —1G 5
Aynscombe Path. SW14 —6K 3
Aysgarth Ct. Sutt —7K 23

Babbacombe Clo. Chess —2E 24
Baber Bri. Cvn. Site. Felt —2B 6
Baber Dri. Felt —3B 6
Back La. Bren —3E 2
Back La. Rich —6D 8 (in two parts)
Back Rd. Tedd —4K 13
Baden-Powell Clo. Surb —6G 21
Badger Clo. Felt —7A 6
Badgers Copse. Wor Pk —6C 22
Badgers Wlk. N Mald —6B 16
Bagley's La. SW6 —5K 5
Bagot Clo. Asht —5G 27
Bahram Rd. Eps —6K 25
Bakers End. SW20 —6H 17
Bakewell Way. N Mald —6B 16
Balaclava Rd. Surb —4D 20
Balfern Gro. W4 —2B 4
Balfour Pl. SW15 —1E 10
Balgowan Clo. N Mald —2B 22
Ballard Clo. King T —4A 16
Balmoral Clo. SW15 —3G 11
Balmoral Ct. Wor Pk —6E 22
Balmoral Cres. W Mol —7F 13
Balmoral Rd. King T —1G 21
Balmoral Rd. Wor Pk —7E 22
Balmuir Gdns. SW15 —1F 11
Balquhain Clo. Asht —6E 26
Baltic Cen., The. Bren —2E 2
Balvernie Gro. SW18 —4J 11
Bangalore St. SW15 —7F 5
Banim St. W6 —1E 4
Bank La. SW15 —2B 10
Bank La. King T —4F 15
Banksian Wlk. Iswth —5A 2
Bankside Clo. Iswth —1A 8
Bankside Dri. Th Dit —5C 20
Barb M. W6 —1F 5
Barclay Clo. SW6 —4K 5
Barclay Rd. SW6 —4K 5
Bardolph Rd. Rich —7G 3
Bargate Clo. N Mald —4D 22
Barge Wlk. E Mol —7J 13
Barge Wlk. King T —5E 14
Barham Rd. SW20 —4D 16
Barkston Gdns. SW5 —1K 5
Barley Mow Pas. W4 —2A 4
Barlow Rd. Hamp —4F 13
Barnard Clo. Sun —4A 12
Barnard Gdns. N Mald —1D 22
Barn Clo. Eps —4K 27
Barn Elms Pk. SW15 —7F 5
Barnes All. Hamp —6H 13
Barnes Av. SW13 —4D 4
Barnes End. N Mald —2D 22
Barnes High St. SW13 —6C 4
Barnett Wood La. Lea —7D 26
Barnfield. N Mald —3B 22
Barnfield Av. King T —1E 14
Barnfield Gdns. King T —1F 15
Barnlea Clo. Felt —6D 6
Barnsbury Clo. N Mald —1K 21
Barnsbury Cres. Surb —5K 21
Barnsbury La. Surb —6J 21
Barnscroft. SW20 —7E 16
Baron's Ct. Rd. W14 —2H 5
Baronsfield Rd. Twic —3C 8
Barons Ga. W4 —1K 3
Baron's Hurst. Eps —5K 27
Barons Keep. W14 —2H 5
Baronsmead Rd. SW13 —5D 4
Barons, The. Twic —3C 8
Barrack Rd. Houn —1C 6
Barrington Rd. Sutt —6K 23
Barrosa Dri. Hamp —5F 13
Barrowgate Rd. W4 —2K 3
Barrowhill. Wor Pk —6B 22
Barrowhill Clo. Wor Pk —6B 22
Barrow Wlk. Bren —3D 2
Barton Ct. W14 —2H 5 (off Barons Ct. Rd.)
Barton Grn. N Mald —6A 16
Barton Rd. W14 —2H 5
Barwell Trad. Est. Chess —5E 24
Basden Gro. Felt —6F 7
Basden Ho. Felt —6F 7
Basildene Rd. Houn —1C 6
Basing Clo. Th Dit —4A 20
Basingfield Rd. Th Dit —4A 20
Basing Way. Th Dit —4A 20
Basuto Rd. SW6 —5K 5
Batavia Clo. Sun —5A 12
Batavia Rd. Sun —5A 12
Bathgate Rd. SW19 —7G 11
Bath Pas. King T —6E 14
Bath Pl. W6 —2F 5 (off Fulham Pal. Rd.)
Bath Rd. W4 —1B 4
Bath Rd. Houn —1F 7
Baths App. SW6 —4J 5
Bathurst Av. SW19 —5K 17
Baulk, The. SW18 —4K 11
Bayleaf Clo. Hamp H —2J 13
Bayonne Rd. W6 —3H 5
Bazalgette Clo. N Mald —2A 22
Bazalgette Gdns. N Mald —2A 22
Beach Gro. Felt —6F 7
Beach Ho. Felt —6F 7
Beaconsfield Clo. W4 —2K 3
Beaconsfield Rd. W4 —1A 4
Beaconsfield Rd. Clay —4A 24
Beaconsfield Rd. N Mald —6A 16
Beaconsfield Rd. Surb —4G 21
Beaconsfield Rd. Twic —3C 8
Beaconsfield Ter. Rd. W14 —1H 5
Beaconsfield Wlk. SW6 —5J 5
Beadon Rd. W6 —1F 5
Beaford Gro. SW20 —7H 17
Beagle Clo. Felt —1A 12
Beard Rd. King T —2G 15
Beard's Hill. Hamp —5F 13
Beard's Hill Clo. Hamp —5F 13
Bearfield Rd. King T —4F 15
Bear Rd. Felt —1C 12
Beatrice Rd. Rich —2G 9
Beauchamp Rd. Twic —4B 8
Beauchamp Rd. W Mol —2G 19
Beauchamp Ter. SW15 —7E 4
Beauclerc Ct. Sun —6B 12
Beauclerk Clo. Felt —5A 6
Beaufort Clo. SW15 —4E 10
Beaufort Ct. Rich —1D 14
Beaufort M. SW6 —3J 5
Beaufort Rd. King T —1F 21
Beaufort Rd. Rich —1D 14
Beaufort Rd. Twic —4D 8
Beaulieu Clo. Houn —2E 6
Beaulieu Clo. Twic —3E 8
Beaulieu Pl. W4 —1K 3
Beaumont Av. W14 —2J 5
Beaumont Av. Rich —7G 3
Beaumont Clo. King T —4H 15
Beaumont Ct. W4 —2K 3
Beaumont Cres. W14 —2J 5
Beaumont Pl. Iswth —2A 8
Beaumont Rd. SW19 —4H 11
Beaumont Rd. W4 —1K 3
Beaver Clo. Hamp —5G 13
Beavers Cres. Houn —1B 6
Beavers La. Houn —1B 6
Beavor Gro. W6 —2D 4 (off Beavor La.)
Beavor La. W6 —1D 4
Becketts Clo. Felt —3A 6
Becketts Pl. Hamp W —5E 14
Bective Pl. SW15 —1J 11
Bective Rd. SW15 —1J 11
Bedfont La. Felt —5A 6
Bedford Corner. W4 —1B 4 (off South Pde.)
Bedford Pk. Corner. W4 —1B 4
Bedford Pk. Mans. W4 —1A 4
Bedford Pas. SW6 —4H 5 (off Dawes Rd.)
Bedford Rd. W4 —1A 4
Bedford Rd. Twic —7J 7
Bedford Rd. Wor Pk —6F 23
Bedgebury Gdns. SW19 —6H 11
Bedster Gdns. W Mol —6G 13
Beech Av. Bren —4C 2
Beech Clo. SW15 —4D 10
Beech Clo. SW19 —3F 17
Beech Clo. Sun —6C 12
Beech Clo. W on T —7B 18
Beech Ct. Surb —4E 20
Beechcroft Av. N Mald —5K 15
Beechcroft Rd. SW14 —7K 3
Beechcroft Rd. Chess —7G 21
Beechen Cliff Way. Iswth —6A 2
Beeches Rd. Sutt —5H 23
Beech Gro. N Mald —7A 16
Beechmore Gdns. Sutt —6G 23
Beech Row. Ham —1F 15
Beech Way. Twic —7F 7
Beechwood Av. Rich —5H 3
Beechwood Av. Sun —3A 12
Beechwood Clo. Surb —4D 20
Beechwood Ct. W4 —3A 4
Beechwood Ct. Sun —3A 12
Beechwood Gro. Surb —4D 20
Beecot La. W On T —6B 18
Beeston Way. Felt —3B 6
Begonia Pl. Hamp —3F 13
Belcombe Av. Wor Pk —5F 23
Beldham Gdns. W Mol —6G 13
Belgrade Rd. Hamp —5G 13
Belgrave Ct. W4 —2K 3
Belgrave Cres. Sun —5A 12
Belgrave Rd. SW13 —4C 4
Belgrave Rd. Houn —1E 6
Belgrave Rd. Sun —5A 12
Belgravia M. King T —1E 20
Bellamy Clo. W14 —2J 5
Bell Dri. SW18 —4H 11
Bellevue Rd. SW13 —6D 4
Bellevue Rd. King T —7F 15
Bell Ind. Est. W4 —1K 3

A-Z Richmond & Kingston 29

Bell Junct.—Broomhouse La.

Bell Junct. Houn —1G 7
Bell La. Twic —5B 8
Bell Rd. E Mol —2J 19
Bell Rd. Houn —1G 7
Bells All. SW6 —6K 5
Belmont Av. N Mald —2D 22
Belmont Gro. W4 —1A 4
Belmont Rd. W4 —1A 4
Belmont Rd. Twic —6J 7
Belmont Ter. W4 —1A 4
Beloe Clo. SW15 —1D 10
Beltane Dri. SW19 —7G 11
Beltran Rd. SW6 —6K 5
Belvedere Av. SW19 —2H 17
Belvedere Clo. Tedd —2K 13
Belvedere Dri. SW19 —2H 17
Belvedere Gdns. W Mol —2E 18
Belvedere Gro. SW19 —2H 17
Belvedere Sq. SW19 —2H 17
Bemish Rd. SW15 —7G 5
Bench, The. Rich —7D 8
Bendemeer Rd. SW15 —7G 5
Benham Clo. Chess —3D 24
Benham Gdns. Houn —2E 6
Bennett Clo. Hamp W —5D 14
Bennett St. W4 —3B 4
Benn's All. Hamp —6G 13
Benns Wlk. Rich —1F 9
Bensbury Clo. SW15 —4E 10
Benson Clo. Houn —1F 7
Bentall Cen., The. King T —5E 14
Beresford Av. Surb —5J 21
Beresford Av. Twic —3D 8
Beresford Gdns. Houn —2E 6
Beresford Rd. King T —5G 15
Beresford Rd. N Mald —1K 21
Berestede Rd. W6 —2C 4
Berghem M. W14 —1G 5
Berkeley Clo. Bren —3B 2
Berkeley Clo. King T —4F 15
Berkeley Ct. Asht —7G 27
Berkeley Ct. Surb —4E 20
Berkeley Dri. W Mol —7E 12
Berkeley Gdns. Clay —3B 24
Berkeley Ho. Bren —3E 2
(off Albany Rd.)
Berkeley Pl. SW19 —3G 17
Berkeley Rd. SW13 —5D 4
Berkely Clo. Sun —7B 12
Berkley Clo. Twic —7K 7
(off Wellesley Rd.)
Bernard Gdns. SW19 —2J 17
Berry Ct. Houn —2E 6
Berrylands. SW20 —1F 23
Berrylands. Surb —3G 21
Berrylands Rd. Surb —3G 21
Berry Meade. Asht —6G 27
Bertram Cotts. SW19 —4K 17
Bertram Rd. King T —4H 15
Berwyn Rd. Rich —1J 9
Beryl Rd. W6 —2G 5
Berystede. King T —4J 15
Bessant Dri. Rich —5H 3
Bessborough Rd. SW15 —5D 10
Betley Ct. W On T —7A 18
Bettridge Rd. SW6 —6J 5
Betts Way. Surb —5C 20
Beulah Rd. SW19 —4J 17
Beverley Av. SW20 —5C 16
Beverley Av. Houn —1E 6
Beverley Clo. SW13 —6D 4
Beverley Clo. Chess —1D 24
Beverley Ct. W4 —2K 3
Beverley Ct. Houn —1E 6
Beverley Gdns. SW13 —7C 4
Beverley Gdns. Wor Pk —5D 22
Beverley La. SW15 —7C 10
Beverley La. King T —4B 16
Beverley Path. SW13 —6C 4
Beverley Rd. SW13 —7C 4
Beverley Rd. W4 —2C 4
Beverley Rd. King T —5D 14
Beverley Rd. N Mald —1D 22
Beverley Rd. Wor Pk —6F 23
Beverley Trad. Est. Mord —4G 23
Beverley Way. N Mald & SW20 —5C 16
Bexhill Clo. Felt —6D 6
Bexhill Rd. SW14 —7K 3
Bicester Rd. Rich —7H 3
Bideford Clo. Felt —7E 6
Biggin Hill Clo. King T —2D 14
Biggs Row. SW15 —7G 5
Billockby Clo. Chess —3G 25
Binley Ho. SW15 —3C 10
Binns Rd. W4 —2B 4
Binns Ter. W4 —2B 4
Birch Clo. Bren —4C 2
Birch Clo. Tedd —2B 14
Birches, The. Houn —4E 6
Birchington Rd. Surb —4G 21
Birch Rd. Felt —2C 12
Birchwood Clo. Mord —1K 23
Birchwood Gro. Hamp —3F 13
Birchwood La. Esh & Oxs —6A 24
Bird Wlk. Twic —5E 6
Birdwood Clo. Tedd —1K 13
Birkbeck Rd. W5 —1D 2
Birkenhead Av. King T —6G 15
Biscay Rd. W6 —2G 5
Bishop Fox Way. W Mol —1E 18
Bishop King's Rd. W14 —1H 5
Bishop's Av. SW6 —6G 5
Bishops Clo. W4 —2K 3
Bishops Clo. Rich —7E 8
Bishop's Clo. Sutt —7K 23
Bishops Ct. Rich —7F 3
Bishop's Gro. Hamp —1E 12
Bishops Gro. Cvn. Site. Hamp —1F 13
Bishop's Hall. King T —6E 14
Bishop's Mans. SW6 —6G 5
(in two parts)
Bishop's Pk. Rd. SW6 —6G 5
Bishops Rd. SW6 —5H 5
Bisley Clo. Wor Pk —5F 23
Bison Ct. Felt —4A 6
Bittoms, The. King T —7E 14
Blackett St. SW15 —7G 5
Blackford's Path. SW15 —4D 10
Black Lion La. W6 —1D 4
Black Lion M. W6 —1D 4
Blackmore's Gro. Tedd —3B 14
Blacksmith Clo. Asht —7G 27
Blacks Rd. W6 —2F 5
Blade M. SW15 —1J 11
Blades Ct. SW15 —1J 11
Blagdon Rd. N Mald —1C 22
Blagdon Wlk. Tedd —3D 14
Blair Av. Esh —6H 19
Blakeden Dri. Clay —3A 24
Blake Gdns. SW6 —5K 5
Blakeney Clo. Eps —7K 25
Blakes Av. N Mald —2C 22
Blakes La. N Mald —2C 22
Blakesley Wlk. SW20 —6J 17
Blakes Ter. N Mald —2D 22
Blakewood Clo. Felt —1B 12
Blandford Av. Twic —5G 7
Blandford Rd. Tedd —2J 13
Blenheim Clo. SW20 —7F 17
Blenheim Gdns. King T —4J 15
Blenheim Ho. Houn —1F 7
Blenheim Rd. SW20 —7F 17
Blenheim Rd. W4 —1B 4
Blenheim Rd. Sutt —7K 23
Blenheim Way. Iswth —5B 2
Blincoe Clo. SW19 —6G 11
Blondin Av. W5 —1D 2
Bloomfield Rd. King T —7F 15
Bloom Pk. Rd. SW6 —4J 5
Bloomsbury Clo. Eps —6K 25
Bloxham Cres. Hamp —4E 12
Blue Anchor All. Rich —1F 9
Bluefield Clo. Hamp —2F 13
Blyth Clo. Twic —3A 8
Blythe Rd. W14 —1G 5
Boars Head Yd. Bren —4E 2
Bockhampton Rd. King T —4G 15
Boddicott Clo. SW19 —6H 11
Bodley Clo. N Mald —2B 22
Bodley Rd. N Mald —3A 22
Bodmin St. SW18 —5K 11
Bodnant Gdns. SW20 —7D 16
Boileau Rd. SW13 —4D 4
Boleyn Dri. W Mol —7E 12
Bollo La. W3 —1J 3
Bolney Way. Felt —7D 6
Bolton Clo. Chess —3E 24
Bolton Gdns. SW5 —2K 5
Bolton Gdns. Tedd —3B 14
Bolton Rd. W4 —4K 3
Bolton Rd. Chess —3E 24
Bond Rd. Surb —6G 21
Bond St. W4 —1A 4
Bonner Hill Rd. King T —6G 15
Bonser Rd. Twic —6A 8
Bordesley Rd. Mord —1K 23
Bordon Wlk. SW15 —4D 10
Borland Rd. Tedd —4C 14
Borneo St. SW15 —7F 5
Borough Rd. Iswth —5A 2
Borough Rd. King T —5H 15
Boscombe Rd. SW19 —5K 17
Boscombe Rd. Wor Pk —5F 23
Boston Bus. Pk. W7 —1A 2
Boston Gdns. W4 —3B 4
Boston Gdns. W7 —1B 2
Boston Gdns. Bren —1B 2
Boston Mnr. Rd. Bren —1B 2
Boston Pde. W7 —1B 2
Boston Pk. Rd. Bren —2D 2
Boston Rd. W7 —1B 2
Boston Vale. W7 —1B 2
Bothwell St. W6 —3G 5
Botsford Rd. SW20 —6H 17
Boucher Clo. Tedd —2A 14
Boulton Ho. Bren —2F 3
Boundaries Rd. Felt —5B 6
Boundary Clo. King T —7J 15
Bourne Ct. W4 —3K 3
Bourne Gro. Asht —7E 26
Bournemouth Rd. SW19 —5K 17
Bourne Pl. W4 —2A 4
Bourne Way. Eps —1K 25
Bowerdean St. SW6 —5K 5
Bowes Rd. W On T —6A 18
Bowfell Rd. W6 —3F 5
Bow La. Mord —3H 23
Bowling Grn. Clo. SW15 —4E 10
Bowman M. SW18 —5J 11
Bowness Cres. SW15 —2B 16
Bowness Dri. Houn —1D 6
Bowyers Clo. Asht —7G 27
Boyd Clo. King T —4H 15
Boyle Farm Rd. Th Dit —3B 20
Brackenbury Rd. W6 —1E 4
Bracken Clo. Twic —4F 7
Bracken End. Iswth —2J 7
Bracken Gdns. SW13 —6D 4
Bracken Path. Eps —2J 27
Brackley Rd. W4 —2B 4
Brackley Ter. W4 —2B 4
Bradbourne St. SW6 —6K 5
Braddock Clo. Iswth —6A 2
Braddon Rd. Rich —7G 3
Bradmore Pk. Rd. W6 —1E 4
Bradshaw Clo. SW19 —3K 17
Bradstone Rd. Rich —5G 3
Braemar Av. SW19 —6K 11
Braemar Rd. Bren —3E 2
Braemar Rd. Wor Pk —7E 22
Braeside Av. SW19 —5H 17
Bragg Rd. Tedd —3K 13
Braid Clo. Felt —6E 6
Brainton Av. Felt —4A 6
Bramber Ct. W5 —1F 3
Bramber Ct. Bren —1F 3
Bramber Rd. W14 —3J 5
Bramble La. Hamp —3E 12
Brambles Clo. Iswth —4C 2
Brambles, The. SW19 —2J 17
(off Woodside)
Bramble Wlk. Eps —3J 27
Bramcote Rd. SW15 —1E 10
Bramham Gdns. Chess —1E 24
Bramley Clo. Twic —3H 7
Bramley Ho. SW15 —3C 10
(off Tunworth Cres.)
Bramley Ho. Houn —1E 6
Bramley Rd. W5 —1D 2
Bramley Way. Asht —6G 27
Bramley Way. Houn —2E 6
Bramshaw Rise. N Mald —3B 22
Bramwell Clo. Sun —6C 12
Brandlehow Rd. SW15 —1J 11
Brandon Mans. W14 —3H 5
(off Queen's Club Gdns.)
Brangwyn Ct. W14 —1H 5
(off Blythe Rd.)
Branksea St. SW6 —4H 5
Branksome Clo. W On T —6C 18
Branksome Rd. SW19 —5K 17
Branksome Way. N Mald —5K 15
Bransby Rd. Chess —3F 25
Branstone Rd. Rich —5G 3
Brantwood Av. Iswth —1B 8
Brathway Rd. SW18 —4K 11
Braybourne Dri. Iswth —4A 2
Braycourt Av. W On T —4A 18
Breamore Clo. SW15 —5D 10
Breamwater Gdns. Rich —7C 8
Breasley Clo. SW15 —1F 11
Brecon Clo. Wor Pk —6F 23
Brecon Rd. W6 —3H 5
Brende Gdns. W Mol —1G 19
Brentford Bus. Cen. Bren —4D 2
Brentford Ho. Twic —4C 8
Brent Lea. Bren —4D 2
Brent Rd. Bren —3D 2
Brent Side. Bren —3D 2
Brentside Executive Cen. Bren —3D 2
Brentwaters Bus. Pk. Bren —4D 2
Brent Way. Bren —4E 2
Brentwick Gdns. Bren —1F 3
Brettgrave. Eps —6K 25
Brett Ho. Clo. SW15 —4G 11
Brewers La. Rich —2E 8
Brewery La. Twic —4A 8
Brewery M. Cen. Iswth —7B 2
Brewhouse St. SW15 —7H 5
Briane Rd. Eps —6K 25
Briar Clo. Hamp —2E 12
Briar Clo. Iswth —2A 8
Briar Ct. Sutt —7F 23
Briar Rd. Twic —5K 7
Briar Wlk. SW15 —1E 10
Briarwood Ct. Wor Pk —5D 22
(off Avenue, The)
Brick Farm Clo. Rich —5J 3
Brickfield Clo. Bren —4D 2
Bridge Av. W6 —1F 5
Bridge Clo. Tedd —1A 14
Bridge Gdns. E Mol —1J 19
Bridgeman Rd. Tedd —3B 14
Bridgepark. SW18 —2K 11
Bridge Rd. Chess —2F 25
Bridge Rd. E Mol —1J 19
Bridge Rd. Houn & Iswth —1J 7
Bridge Rd. Twic —3C 8
Bridges Pl. SW6 —5J 5
Bridges Rd. SW19 —3K 17
Bridges Rd. M. SW19 —3K 17
Bridge St. W4 —1A 4
Bridge St. Rich —2E 8
Bridge View. W6 —2F 5
Bridge Way. Twic —4H 7
Bridge Wharfe Rd. Iswth —7C 2
Bridge Wharf Rd. Iswth —7C 2
Bridgewood Rd. Wor Pk —7D 22
Bridle Clo. Eps —2K 25
Bridle Clo. King T —1E 20
Bridle Clo. Sun —7A 12
Bridle La. Twic —3C 8
Bridle Rd. Clay —3C 24
Brighton Rd. Surb —3D 20
Brinkley Rd. Wor Pk —6E 22
Brinsworth Clo. Twic —6J 7
Brinsworth Ho. Twic —6J 7
Brisbane Av. SW19 —5K 17
Bristol Gdns. SW15 —4F 11
Bristow Rd. Houn —1H 7
Britannia La. Twic —4H 7
Britannia Rd. SW6 —4K 5
Britannia Rd. Surb —4G 21
British Gro. W4 —2C 4
British Gro. Pas. W4 —2C 4
British Gro. S. W4 —2D 4
Broad Clo. W On T —7D 18
Broadfields. E Mol —3K 19
Broadhurst. Asht —5F 27
Broadhurst Clo. Rich —2G 9
Broadlands Ct. Rich —4H 3
(off Kew Gdns. Rd.)
Broadlands, The. Felt —7F 7
Broadlands Way. N Mald —3C 22
Broad La. Hamp —4E 12
Broad Mead. Asht —7G 27
Broadmead Av. Wor Pk —4D 22
Broadmead Clo. Hamp —3F 13
Broadoaks. Surb —6J 21
Broad St. Tedd —3A 14
Broad Wlk. Rich —4G 3
Broad Wlk., The. E Mol —1A 20
Broadway. Surb —5J 21
Broadway Arc. W6 —1F 5
(off Hammersmith B'way.)
Broadway Av. Twic —3C 8
Broadway Cen., The. W6 —1F 5
Broadway Ct. SW19 —3K 17
Broadway Pl. SW19 —3J 17
Broadway, The. SW13 —6B 4
Broadway, The. SW19 —3K 17
Broadway, The. Th Dit —5K 19
Broadwood Ter. W8 —1J 5
(off Warwick Rd.)
Brockbridge Ho. SW15 —3C 10
Brockenhurst. W Mol —3E 18
Brockenhurst Av. Wor Pk —5B 22
Brockham Clo. SW19 —2J 17
Brocks Dri. Sutt —7H 23
Brockshot Clo. Bren —2E 2
Brompton Clo. Houn —2E 6
Brompton Pk. Cres. SW6 —3K 5
Bronsart Rd. SW6 —4H 5
Bronson Rd. SW20 —6G 17
Brook Clo. SW20 —7E 16
Brookers Clo. Asht —6E 26
Brookfield Gdns. Clay —3A 24
Brook Gdns. SW13 —7C 4
Brook Gdns. King T —5K 15
Brook Grn. W6 —1G 5
Brooklands Av. SW19 —6K 11
Brooklands Rd. Th Dit —5A 20
Brook La. Bus. Cen. Bren —2E 2
Brook La. N. Bren —2E 2
(in two parts)
Brook Pas. SW6 —4K 5
Brook Rd. Surb —6F 21
Brook Rd. Twic —3B 8
Brook Rd. S. Bren —3E 2
Brookside Clo. Felt —7A 6
Brookside Cres. Wor Pk —5D 22
Brooks La. W4 —3H 3
Brooks Rd. W4 —2H 3
Brook St. King T —6F 15
Brookville Rd. SW6 —4J 5
Brook Way. Lea —7B 26
Brookwood Av. SW13 —6C 4
Brookwood Rd. SW18 —5J 11
Broom Clo. Tedd —4E 14
Broome Rd. Hamp —4E 12
Broomfield. Sun —5A 12
Broomfield Rd. Rich —5G 3
Broomfield Rd. Surb —5G 21
Broomfield Rd. Tedd —3D 14
Broomhill Rd. SW18 —2K 11
Broomhouse La. SW6 —6K 5

Broomhouse Rd.—Chase, The

Broomhouse Rd. *SW6* —6K **5**
Broomloan La. *Sutt* —6K **23**
Broom Lock. *Tedd* —3D **14**
Broom Pk. *Tedd* —4E **14**
Broom Rd. *Tedd* —2C **14**
Broom Water. *Tedd* —3D **14**
Broom Water W. *Tedd* —2D **14**
Brough Clo. *King T* —2E **14**
Broughton Av. *Rich* —7C **8**
Browells La. *Felt* —6A **6**
Brown Bear Ct. *Felt* —1C **12**
Browning Av. *Wor Pk* —5E **22**
Browning Clo. *Hamp* —1E **12**
Brown's Rd. *Surb* —4G **21**
Broxholme Ho. SW6 —5K **5** *(off Harwood Rd.)*
Brumfield Rd. *Eps* —2K **25**
Brunel Wlk. *Twic* —4F **7**
Brunswick Clo. *Th Dit* —5A **20**
Brunswick Clo. *Twic* —7J **7**
Brunswick Clo. *W On T* —6B **18**
Brunswick Rd. *King T* —5H **15**
Bryanston Av. *Twic* —5G **7**
Buckhold Rd. *SW18* —3K **11**
Buckingham Av. *Felt* —3A **6**
Buckingham Av. *W Mol* —6G **13**
Buckingham Clo. *Hamp* —2E **12**
Buckingham Gdns. *W Mol* —6G **13**
Buckingham Rd. *Hamp* —1E **12**
Buckingham Rd. *King T* —1G **21**
Buckingham Rd. *Rich* —6E **8**
Buckland Rd. *Chess* —2G **25**
Bucklands Rd. *Tedd* —3D **14**
Buckland's Wharf. *King T* —6E **14**
Buckland Way. *Wor Pk* —5F **23**
Buckleigh Av. *SW20* —7H **17**
Bucklers All. *SW6* —3J **5**
Bucknills Clo. *Eps* —3K **27**
Budd's All. *Twic* —2D **8**
Buer Rd. *SW6* —6H **5**
Bullard Rd. *Tedd* —3K **13**
Bull's All. *SW14* —6A **4**
Burberry Clo. *N Mald* —6B **16**
Burden Clo. *Bren* —2D **2**
Burdenshott Av. *Rich* —1J **9**
Burdett Av. *SW20* —5D **16**
Burdett Rd. *Rich* —6G **3**
Burford Ho. *Bren* —2F **3**
Burford Rd. *Bren* —2F **3**
Burford Rd. *Sutt* —6K **23**
Burford Rd. *Wor Pk* —4C **22**
Burges Gro. *SW13* —4E **4**
Burgess Clo. *Felt* —1D **12**
Burghley Av. *N Mald* —5A **16**
Burghley Hall Clo. *SW19* —5H **11**
Burghley Rd. *SW19* —1G **17**
Burke Clo. *SW15* —1B **10**
Burleigh Pl. *SW15* —2G **11**
Burleigh Rd. *Sutt* —5H **23**
Burlington Av. *Rich* —5H **3**
Burlington Gdns. *W4* —2K **3**
Burlington La. *W4* —4K **3**
Burlington Pl. *SW6* —6H **5**
Burlington Rd. *SW6* —6H **5**
Burlington Rd. *W4* —2K **3**
Burlington Rd. *N Mald* —1C **22**
Burnaby Cres. *W4* —3K **3**
Burnaby Gdns. *W4* —3J **3**
Burne Jones Ho. W14 —1H **5** *(off N. End Rd.)*
Burnell Av. *Rich* —2D **14**
Burnet Gro. *Eps* —2K **27**
Burney Av. *Surb* —2G **21**
Burnfoot Av. *SW6* —5H **5**
Burnham Dri. *Wor Pk* —6G **23**
Burnham St. *King T* —5H **15**
Burnham Way. *W13* —1C **2**
Burns Av. *Felt* —3A **6**
Burnside. *Asht* —7G **27**
Burnside Clo. *Twic* —3B **8**
Burnthwaite Rd. *SW6* —4J **5**
Burritt Rd. *King T* —6H **15**
Burr Rd. *SW18* —5K **11**
Burstock Rd. *SW15* —1H **11**
Burston Rd. *SW15* —2G **11**
Burstow Rd. *SW20* —5H **17**
Burtenshaw Rd. *Th Dit* —4B **20**
Burton Clo. *Chess* —4E **24**
Burton Rd. *King T* —4F **15**
Burton's Rd. *Hamp* —1G **13**
Burwood Clo. *Surb* —5H **21**
Burwood Pk. Rd. *W on T* —7A **18**
Bury Gro. *Mord* —2K **23**
Busch Clo. *Iswth* —5C **2**
Bush Cotts. *SW18* —2K **11**
Bushey Ct. *SW20* —6E **16**
Bushey La. *Sutt* —7K **23**
Bushey Rd. *SW20* —7E **16**
Bushey Rd. *Sutt* —7K **23**
Bushey Shaw. *Asht* —6D **26**
Bush Rd. *Rich* —3G **3**
Bushwood Rd. *Rich* —3H **3**
Bushy Ct. King T —5D **14** *(off Up. Teddington Rd.)*
Bushy Pk. Gdns. *Tedd* —2J **13**
Bushy Pk. Rd. *Tedd* —4C **14** (in two parts)
Bushy Rd. *Tedd* —3A **14**
Bute Av. *Rich* —6F **9**
Bute Gdns. *W6* —1G **5**
Butterfield Clo. *Twic* —3A **8**
Buttermere Clo. *Mord* —3G **23**
Buttermere Dri. *SW15* —2H **11**
Butterwick. *W6* —1F **5**
Butts Cotts. *Felt* —7D **6**
Butts Cres. *Felt* —7F **7**
Butts, The. *Bren* —3E **2**
Butts, The. *Sun* —7B **12**
Buxton Cres. *Sutt* —7H **23**
Buxton Dri. *N Mald* —6A **16**
Buxton Rd. *SW14* —7B **4**
Byatt Wlk. *Hamp* —3D **12**
Bychurch End. *Tedd* —2A **14**
Byeways. *Twic* —7G **7**
Byeways, The. *Surb* —2H **21**
Byeway, The. *SW14* —7K **3**
Byfeld Gdns. *SW13* —5D **4**
Byfield Pas. *Iswth* —7B **2**
Byfield Rd. *Iswth* —7B **2**
Byron Av. *N Mald* —2D **22**
Byron Clo. *Hamp* —1E **12**
Byron Clo. *W On T* —5D **18**
Byron Ct. W7 —1B **2** *(off Boston Rd.)*
Byward Av. *Felt* —3B **6**
Byways, The. *Asht* —7E **26**

Cadbury Clo. *Iswth* —5B **2**
Cadman Ct. W4 —2J **3** *(off Chaseley Dri.)*
Cadmer Clo. *N Mald* —1B **22**
Cadogan Clo. *Tedd* —2K **13**
Cadogan Rd. *Surb* —2E **20**
Caen Wood Rd. *Asht* —7D **26**
Cairngorm Clo. *Tedd* —2B **14**
Caithness Rd. *W14* —1G **5**
Calcott Ct. W14 —1H **5** *(off Blythe Rd.)*
Caldbeck Av. *Wor Pk* —6E **22**
California Rd. *N Mald* —7K **15**
Calonne Rd. *SW19* —1G **17**
Camac Rd. *Twic* —5J **7**
Cambalt Rd. *SW15* —2G **11**
Camberley Av. *SW20* —6E **16**
Camberley Clo. *Sutt* —7G **23**
Camborne Rd. *SW18* —4K **11**
Camborne Rd. *Mord* —2G **23**
Cambourne Wlk. *Rich* —3E **8**
Cambria Clo. *Houn* —1F **7**
Cambria Ct. *Felt* —4A **6**
Cambrian Rd. *Rich* —3G **9**
Cambridge Av. *N Mald* —7B **16** (in two parts)
Cambridge Clo. *SW20* —5E **16**
Cambridge Clo. *Houn* —1D **6**
Cambridge Cotts. *Rich* —3H **3**
Cambridge Cres. *Tedd* —2B **14**
Cambridge Gdns. *King T* —6H **15**
Cambridge Gro. *W6* —1E **4**
Cambridge Gro. Rd. *King T* —7H **15**
Cambridge Pk. *Twic* —3D **8**
Cambridge Pk. Ct. *Twic* —4E **8**
Cambridge Rd. *SW13* —6C **4**
Cambridge Rd. *SW20* —5D **16**
Cambridge Rd. *Hamp* —4E **12**
Cambridge Rd. *Houn* —1D **6**
Cambridge Rd. *King T* —6G **15**
Cambridge Rd. *N Mald* —1B **22**
Cambridge Rd. *Rich* —4H **3**
Cambridge Rd. *Tedd* —1A **14**
Cambridge Rd. *Twic* —3E **8**
Cambridge Rd. *W On T* —3A **18**
Cambridge Rd. *W Mol* —1E **18**
Cambridge Rd. N. *W4* —2J **3**
Cambridge Rd. S. *W4* —2J **3**
Camden Av. *Felt* —5B **6**
Camel Gro. *King T* —2E **14**
Camellia Pl. *Twic* —4G **7**
Camelot Clo. *SW19* —1K **17**
Camm Gdns. *King T* —6G **15**
Camm Gdns. *Th Dit* —4A **20**
Campana Rd. *SW6* —5K **5**
Campbell Clo. *Twic* —5J **7**
Campbell Rd. *E Mol* —7K **13**
Campbell Rd. *Twic* —6J **7**
Campen Clo. *SW19* —6H **11**
Campion Rd. *SW15* —1F **11**
Campion Rd. *Iswth* —5A **2**
Camp Rd. *SW19* —2E **16**
Camp View. *SW19* —2E **16**
Camrose Av. *Felt* —1B **12**
Camrose Clo. *Mord* —1K **23**
Canbury 2000 Bus. Pk. *King T* —5F **15**
Canbury Av. *King T* —5G **15**
Canbury Pk. Rd. *King T* —5F **15**
Canbury Pas. *King T* —5E **14**
Canbury Pl. *King T* —5F **15**
Candler M. *Twic* —4B **8**
Canford Gdns. *N Mald* —3B **22**
Canford Pl. *Tedd* —3D **14**
Cannizaro Rd. *SW19* —3F **17**
Cannon Clo. *SW20* —1F **23**
Cannon Clo. *Hamp* —3G **13**
Cannon Hill La. *SW20* —2G **23**
Cannon Way. *W Mol* —1F **19**
Canterbury Rd. *Felt* —6D **6**
Capital Interchange Way. *Bren* —2H **3**
Cardiff Rd. *W7* —1B **2**
Cardigan Rd. *SW13* —6D **4**
Cardigan Rd. *Rich* —3F **9**
Cardinal Av. *King T* —2F **15**
Cardinal Av. *Mord* —3H **23**
Cardinal Clo. *Mord* —3H **23**
Cardinal Clo. *Wor Pk* —7D **22**
Cardinal Cres. *N Mald* —6K **15**
Cardinal Dri. *W On T* —5C **18**
Cardinal Pl. *SW15* —1G **11**
Cardinal Rd. *Felt* —5A **6**
Cardinals Wlk. *Hamp* —4H **13**
Cardington Sq. *Houn* —1C **6**
Cardross St. *W6* —1E **4**
Carleton Clo. *Esh* —5J **19**
Carlingford Rd. *Mord* —3G **23**
Carlisle Clo. *King T* —5H **15**
Carlisle M. *King T* —5H **15**
Carlisle Rd. *Hamp* —4G **13**
Carlton Av. *Felt* —3B **6**
Carlton Clo. *Chess* —3E **24**
Carlton Cres. *Sutt* —7H **23**
Carlton Dri. *SW15* —2G **11**
Carlton Pk. Av. *SW20* —6G **17**
Carlton Rd. *SW14* —7K **3**
Carlton Rd. *N Mald* —6B **16**
Carlton Rd. *W On T* —4A **18**
Carlyle Clo. *W Mol* —6G **13**
Carlyle Pl. *SW15* —1G **11**
Carlyle Rd. *W5* —2D **2**
Carmalt Gdns. *SW15* —1F **11**
Carnegie Clo. *Surb* —6G **21**
Carnegie Pl. *SW19* —7G **11**
Carnforth Clo. *Eps* —3J **25**
Carnwath Rd. *SW6* —7K **5**
Caroline Rd. *SW19* —4J **17**
Caroline Wlk. *W6* —3H **5**
Carpenters Ct. *Twic* —6K **7**
Carrick Clo. *Iswth* —7B **2**
Carrick Ga. *Esh* —7H **19**
Carrington Av. *Houn* —2G **7**
Carrington Clo. *King T* —2K **15**
Carrington Rd. *Rich* —1H **9**
Carrow Rd. *W On T* —7C **18**
Carslake Rd. *SW15* —3F **11**
Carters Clo. *Wor Pk* —5G **23**
Carter's Yd. *SW18* —2K **11**
Carthew Rd. *W6* —1E **4**
Cartwright Way. *SW13* —4E **4**
Carville Cres. *Bren* —1F **3**
Cassidy Rd. *SW6* —4K **5**
Cassilis Rd. *Twic* —2C **8**
Castello Av. *SW15* —2F **11**
Castelnau. *SW13* —5D **4**
Castelnau Gdns. *SW13* —3E **4**
Castelnau Pl. *SW13* —3E **4**
Castelnau Row. *SW13* —3E **4**
Castle Clo. *SW19* —7G **11**
Castlecombe Dri. *SW19* —4G **11**
Castlegate. *Rich* —7G **3**
Castle Pl. *W4* —1B **4**
Castle Rd. *Eps* —4J **27**
Castle Rd. *Iswth* —6A **2**
Castle Row. *W4* —2A **4**
Castle St. *King T* —6F **15**
Castletown Rd. *W14* —2H **5**
Castle View. *Eps* —3J **27**
Castle Wlk. *Sun* —7B **12**
Castle Way. *SW19* —7G **11**
Castle Way. *Felt* —1B **12**
Castle Yd. *Rich* —2E **8**
Catherine Ct. *SW19* —2J **17**
Catherine Dri. *Rich* —1F **9**
Catherine Gdns. *Houn* —1J **7**
Catherine Rd. *Surb* —2E **20**
Catherine Wheel Rd. *Bren* —4E **2**
Cato's Hill. *Esh* —7G **19**
Causeway, The. *SW18* —2K **11**
Causeway, The. *SW19* —2F **17**
Causeway, The. *Chess* —1F **25**
Causeway, The. *Clay* —4A **24**
Causeway, The. *Felt & Houn* —1A **6**
Causeway, The. *Tedd* —3A **14**
Cavalier Ct. *Surb* —3G **21**
Cavalry Cres. *Houn* —1C **6**
Cavalry Gdns. *SW15* —2J **11**
Cavendish Av. *N Mald* —2E **22**
Cavendish Rd. *W4* —5K **3**
Cavendish Rd. *N Mald* —1C **22**
Cavendish Ter. *Felt* —6A **6**
Caverleigh Way. *Wor Pk* —5D **22**
Cave Rd. *Rich* —1D **14**
Caversham Av. *Sutt* —6H **23**
Caversham Rd. *King T* —6G **15**
Cawdor Cres. *W7* —1B **2**
Caxton M. *Bren* —3E **2**
Cecil Clo. *Chess* —1E **24**
Cecil Rd. *SW19* —4K **17**
Cedar Av. *Twic* —3G **7**
Cedar Clo. *SW15* —1A **16**
Cedar Clo. *E Mol* —1K **19**
Cedar Ct. *SW19* —7G **11**
Cedar Ct. Bren —3E **2** *(off Boston Mnr. Rd.)*
Cedarcroft Rd. *Chess* —1G **25**
Cedar Heights. *Rich* —5F **9**
Cedar Hill. *Eps* —5K **27**
Cedarland Ter. *SW20* —4E **16**
Cedarne Rd. *SW6* —4K **5**
Cedar Rd. *E Mol* —1K **19**
Cedar Rd. *Tedd* —2B **14**
Cedars Rd. *SW13* —6D **4**
Cedars Rd. *W4* —3K **3**
Cedars Rd. *Hamp W* —5D **14**
Cedars Rd. *Mord* —1K **23**
Cedars, The. *Tedd* —3A **14**
Cedar Ter. *Rich* —1F **9**
Cedar Vista. *Rich* —6F **3**
Celandine Rd. *W on T* —7D **18**
Centaurs Bus. Cen. *Iswth* —3B **2**
Central Av. *Houn* —1H **7**
Central Av. *W Mol* —1E **18**
Central Pde. *Felt* —4B **6**
Central Pde. *Surb* —3F **21**
Central Pk. Est. *Houn* —2C **6**
Central Rd. *Mord* —3K **23**
Central Rd. *Wor Pk* —5D **22**
Central School Path. *SW14* —7K **3**
Central Way. *Felt* —2A **6**
Centre Ct. *SW19* —3J **17**
Centre Ct. Shop. Cen. *SW19* —3J **17**
Centre, The. *Felt* —6A **6**
Centre, The. *Houn* —1G **7**
Century Ho. *SW15* —1G **11**
Ceylon Rd. *W14* —1G **5**
Chadwick Av. *SW19* —3K **17**
Chadwick Clo. *Tedd* —3B **14**
Chaffers Mead. *Asht* —5G **27**
Chaffinch Clo. *Surb* —7H **21**
Chalcott Gdns. *Surb* —5D **20**
Chaldon Rd. *SW6* —4H **5**
Chalfont Way. *W13* —1C **2**
Chalford Clo. *W Mol* —1F **19**
Chalgrove Av. *Mord* —2K **23**
Chalker's Corner. (Junct.) —7J **3**
Chalkhill Rd. *W6* —1G **5**
Chalky La. *Chess* —6E **24**
Challis Rd. *Bren* —2E **2**
Challoner Cres. *W14* —2J **5**
Challoners Clo. *E Mol* —1J **19**
Challoner St. *W14* —2J **5**
Chalmers Way. *Felt* —2A **6**
Chamberlain Wlk. *Felt* —1D **12**
Chamberlain Way. *Surb* —4F **21**
Chambon Pl. *W6* —1D **4**
Chancellor's Rd. *W6* —2F **5**
Chancellor's St. *W6* —2F **5**
Chancellors Wharf. *W6* —2F **5**
Chandler Clo. *Hamp* —5F **13**
Chandos Av. *W5* —1D **2**
Chantree Grn. *W4* —1K **3**
Chantry Hurst. *Eps* —4K **27**
Chantry Rd. *Chess* —2G **25**
Chapel Rd. *Houn* —1G **7**
Chapel Rd. *Twic* —4C **8**
Chapel Yd. SW18 —2K **11** *(off Wandsworth High St.)*
Chapter Way. *Hamp* —1F **13**
Chara Pl. *W4* —3A **4**
Chardin Rd. *W4* —1B **4**
Charles Rd. *SW19* —5K **17**
Charles St. *SW13* —6B **4**
Charleston Clo. *Felt* —7A **6**
Charleville Mans. W14 —2H **5** *(off Charleville Rd.)*
Charleville Rd. *W14* —2H **5**
Charlotte M. *W14* —1H **5**
Charlotte Rd. *SW13* —5C **4**
Charlotte Sq. *Rich* —3G **9**
Charlton Ho. *Bren* —3F **3**
Charlwood Rd. *SW15* —1G **11**
Charlwood Ter. *SW15* —1G **11**
Charminster Av. *SW19* —6K **17**
Charminster Ct. *Surb* —4E **20**
Charminster Rd. *Wor Pk* —5G **23**
Charmouth Ct. *Rich* —2G **9**
Charnwood Av. *SW19* —6K **17**
Charnwood Clo. *N Mald* —1B **22**
Charter Ct. *N Mald* —7B **16**
Charter Cres. *Houn* —1D **6**
Charter Rd. *King T* —7J **15**
Charter Sq. *King T* —6J **15**
Chartfield Av. *SW15* —2E **10**
Chartfield Sq. *SW15* —2G **11**
Chartwell Gdns. *Sutt* —7H **23**
Chartwell Pl. *Sutt* —7J **23**
Chase Ct. *Iswth* —6B **2**
Chase Gdns. *Twic* —4J **7**
Chaseley Dri. *W4* —2J **3**
Chaseside Av. *SW20* —6H **17**
Chase, The. *SW20* —5H **17**
Chase, The. *Asht* —7D **26**
Chase, The. *Sun* —5A **12**

Chatham Clo. Sutt —4J 23
Chatham Rd. King T —6H 15
Chatsworth Av. SW20 —5H 17
Chatsworth Clo. W4 —3K 3
Chatsworth Ct. W8 —1K 5
(off Pembroke Rd.)
Chatsworth Cres. Houn —1J 7
Chatsworth Gdns. N Mald —2C 22
Chatsworth Lodge. W4 —2A 4
(off Bourne Pl.)
Chatsworth Pl. Tedd —1B 14
Chatsworth Rd. W4 —3K 3
Chatterton Ct. Rich —6G 3
Chaucer Av. Rich —7H 3
Chaucer Gdns. Sutt —7K 23
Chaucer Ho. Sutt —7K 23
(off Chaucer Gdns.)
Chaucer Mans. W14 —3H 5
(off Queen's Club Gdns.)
Cheam Comn. Rd. Wor Pk —6E 22
Cheeseman Clo. Hamp —3D 12
Cheesemans Ter. W14 —2J 5
(in two parts)
Chelmsford Clo. W6 —3G 5
Chelsea Clo. Hamp —2H 13
Chelsea Clo. Wor Pk —4D 22
Chelsea Gdns. Sutt —7H 23
Cheltenham Av. Twic —4B 8
Cheltenham Clo. N Mald —7K 15
Chelverton Rd. SW15 —1G 11
Chelwood Gdns. Rich —6H 3
Chelwood Gdns. Pas. Rich —6H 3
Chenies Ho. W4 —3C 4
(off Corney Reach Way)
Chepstow Clo. SW15 —2H 11
Cherimoya Gdns. W Mol —7G 13
Cheriton Ct. W on T —5B 18
Cherry Clo. Mord —1H 23
Cherry Cres. Bren —4C 2
Cherry Garth. Bren —2E 2
Cherry Orchard. Asht —7J 27
Cherry Orchard Gdns. W Mol —7E 12
Cherry Orchard Rd. W Mol —7F 13
Cherry Tree La. Eps —1H 27
Cherry Way. Eps —3K 25
Cherry Wood Clo. King T —4H 15
Cherrywood Ct. Tedd —2B 14
Cherrywood Dri. SW15 —2G 11
Cherrywood La. Mord —1H 23
Chertsey Dri. Sutt —6H 23
Chertsey Rd. Twic —6G 7
Chervil Clo. Felt —7A 6
Cherwell Ct. Eps —1K 25
Chesfield Rd. King T —4F 15
Chesham Rd. King T —6H 15
Cheshire Gdns. Chess —3E 24
Chesilton Rd. SW6 —5J 5
Chessington Clo. Eps —3K 25
Chessington Hall Gdns. Chess —3E 24
Chessington Hill Pk. Chess —2H 25
Chessington Pde. Chess —3E 24
Chessington Rd. Eps & Ewe —3H 25
Chesson Rd. W14 —3J 5
Chester Av. Rich —3G 9
Chester Av. Twic —5E 6
Chester Clo. SW15 —7E 4
Chester Clo. Rich —3G 9
Chester Clo. Sutt —6K 23
Chesterfield Dri. Esh —6B 20
Chesterfield Rd. W4 —3K 3
Chesterfield Rd. Eps —4K 25
Chesterman Ct. W4 —4B 4
(off Corney Reach Way)
Chester Rd. SW19 —3F 17
Chesters, The. N Mald —5B 16
Chesterton Clo. SW18 —2K 11
Chesterton Sq. W8 —1J 5
Chesterton Ter. King T —6H 15
Chestnut All. SW6 —3J 5
Chestnut Av. SW14 —7A 4
Chestnut Av. Bren —1E 2
Chestnut Av. E Mol & Tedd —6A 14
Chestnut Av. Esh —4J 19
Chestnut Av. Hamp —4F 13
Chestnut Ct. SW6 —3J 5
Chestnut Ct. Felt —2C 12
Chestnut Gro. Iswth —1B 8
Chestnut Gro. N Mald —7A 16
Chestnut Ho. W4 —1B 4
(off Orchard, The)
Chestnut Rd. SW20 —6G 17
Chestnut Rd. King T —4F 15
Chestnut Rd. Twic —6K 7
Chestnuts, The. W On T —6A 18
Chestnut Way. Felt —7A 6
Cheyne Av. Twic —5E 6
Cheyne Hill. Surb —1G 21
Chichester Clo. Hamp —3E 12
Chichester Way. Felt —4B 6
Chiddingstone St. SW6 —6K 5
Childerley St. SW6 —5H 5
Child's Pl. SW5 —1K 5
Child's St. SW5 —1K 5
Child's Wlk. SW5 —1K 5
Chillingworth Gdns. Twic —7A 8
Chilmark Gdns. N Mald —3D 22
Chiltern Av. Twic —5F 7
Chiltern Clo. Wor Pk —6F 23
Chiltern Dri. Surb —3H 21
Chilton Av. W5 —1E 2
Chilton Rd. Rich —7H 3
Chilworth Ct. SW19 —5G 11
Chipstead St. SW6 —5K 5
Chisholm Rd. Rich —3G 9
Chislehurst Rd. Rich —2F 9
Chiswick Bri. SW14 & W4 —6K 3
Chiswick Comn. Rd. W4 —1A 4
Chiswick High Rd. Bren & W4
(in two parts) —2H 3
Chiswick La. N. W4 —2B 4
Chiswick La. S. W4 —3C 4
Chiswick Mall. W4 & W6 —3C 4
Chiswick Plaza. W4 —3K 3
Chiswick Quay. W4 —5K 3
Chiswick Rd. W4 —1K 3
Chiswick Roundabout. (Junct.) —2H 3
Chiswick Sq. W4 —3B 4
Chiswick Staithe. W4 —4J 3
Chiswick Ter. W4 —1K 3
Chiswick Village. W4 —3H 3
Chiswick Wharf. W4 —3C 4
Chivenor Gro. King T —2E 14
Chobham Gdns. SW19 —6G 11
Cholmley Rd. Th Dit —3C 20
Cholmondeley Wlk. Rich —2D 8
Christabel Clo. Iswth —7A 2
Christchurch Av. Tedd —2B 14
Christchurch Gdns. Eps —7J 25
Christ Chu. Mt. Eps —1J 27
Christchurch Pl. Eps —7J 25
Christ Chu. Rd. SW14 —2J 9
Christ Chu. Rd. Eps —1F 27
Christchurch Rd. Surb —3G 21
Chudleigh Rd. Twic —3K 7
Chumleigh Wlk. Surb —1G 21
Church Av. SW14 —7A 4
Church Ct. Rich —2E 8
Churchfield Mans. SW6 —6J 5
(off New King's Rd.)
Churchfield Rd. W on T —4A 18
Churchfields. W Mol —7F 13
Churchfields Av. Felt —7E 6
Church Ga. SW6 —7H 5
Church Gro. King T —5D 14
Church Hill. SW19 —2J 17
Church Hill Rd. Surb —2F 21
Church Hill Rd. Sutt —7G 23
Church La. SW19 —5K 17
Church La. Chess —3G 25
Church La. Rich —5F 9
Church La. Tedd —2A 14
Church La. Th Dit —3A 20
Church La. Twic —5B 8
Church Meadow. Surb —6D 20
Church Pas. Surb —2F 21
Church Pas. Twic —5C 8
Church Path. SW14 —7A 4
(in two parts)
Church Path. SW19 —6J 17
Church Path. W4 & W3 —1K 3
Church Rise. Chess —3G 25
Church Rd. SW13 —6C 4
Church Rd. SW19 —2H 17
Church Rd. Asht —7E 26
Church Rd. Clay —3A 24
Church Rd. E Mol —1J 19
Church Rd. Felt —2C 12
Church Rd. Ham. —1E 14
Church Rd. King T —6G 15
Church Rd. Rich —1F 9
Church Rd. Surb —5D 20
Church Rd. Tedd —1K 13
Church Rd. Wor Pk —5B 22
Church Side. Eps —2J 27
Church St. W4 —3C 4
Church St. Hamp —5H 13
Church St. Iswth —7C 2
Church St. King T —6E 14
Church St. Sun —7A 12
Church St. Twic —5B 8
Church Stretton Rd. Houn —2H 7
Church Ter. Rich —2E 8
Church View. Rich —2F 9
Churchview Rd. Twic —5J 7
Church Wlk. SW13 —5D 4
Church Wlk. SW15 —2E 10
Church Wlk. SW20 —7F 17
Church Wlk. Bren —3D 2
(in two parts)
Church Wlk. Rich —2E 8
Church Wlk. Th Dit —3A 20
Churchward Ho. W14 —2J 5
(off Ivatt Pl.)
Churston Dri. Mord —2G 23
Circle Gdns. SW19 —6K 17
Clancarty Rd. SW6 —6K 5
Clandon Ter. SW20 —5G 17
Clare Cres. Lea —7B 26
Clare Lawn Av. SW14 —2A 10
Clare M. SW6 —4K 5
Claremont Av. N Mald —2D 22
Claremont Av. Sun —5A 12
Claremont Gdns. Surb —2F 21
Claremont Gro. W4 —4B 4
Claremont Rd. Surb —2F 21
Claremont Rd. Tedd —2A 14
Claremont Rd. Twic —4C 8
Clarence Av. N Mald —6K 15
Clarence La. SW15 —3B 10
Clarence Rd. SW19 —3K 17
Clarence Rd. W4 —2H 3
Clarence Rd. Rich —5G 3
Clarence Rd. Tedd —3A 14
Clarence St. King T —6E 14
Clarence St. Rich —1F 9
Clarence Ter. Houn —1G 7
Clarendon Ct. Rich —5G 3
Clarendon Cres. Twic —7J 7
Clarendon Dri. SW15 —1F 11
Clare Pl. SW15 —4C 10
Clare Rd. Houn —1E 6
Clare Wood. Lea —7C 26
Claridge Ct. SW6 —6J 5
Clarkes Av. Wor Pk —5G 23
Claudia Pl. SW19 —5H 11
Clavering Av. SW13 —3E 4
Clavering Clo. Twic —1B 14
Claverton. Asht —6F 27
Claxton Gro. W6 —2G 5
Claybrook Rd. W6 —3G 5
Claygate La. Esh —6B 20
Claygate La. Th Dit —5B 20
Clayhill. Surb —2H 21
Claymore Clo. Mord —4K 23
Clayponds Av. W5 & Bren —1F 3
Clayponds Gdns. W5 —1E 2
Clayponds La. Bren —2F 3
Clayton Cres. Bren —2E 2
Clayton Rd. Chess —1D 24
Cleaveland Rd. Surb —2E 20
Clem Attlee Ct. SW6 —3J 5
Clem Attlee Est. SW6 —3J 5
Clem Attlee Pde. SW6 —3J 5
(off N. End Rd.)
Clement Clo. W4 —1A 4
Clement Rd. SW19 —2H 17
Clements Ct. Houn —1C 6
Clements Mead. Lea —7B 26
Clements Pl. Bren —2E 2
Clements Rd. W On T —6A 18
Clensham Ct. Sutt —6K 23
Clensham La. Sutt —6K 23
Clevedon Rd. King T —6H 15
Clevedon Rd. Twic —3E 8
Cleveland Av. SW20 —6J 17
Cleveland Av. W4 —1C 4
Cleveland Av. Hamp —4E 12
Cleveland Clo. W On T —7A 18
Cleveland Gdns. SW13 —6C 4
Cleveland Gdns. Wor Pk —6B 22
Cleveland Rise. Mord —4G 23
Cleveland Rd. SW13 —6C 4
Cleveland Rd. W4 —1K 3
Cleveland Rd. Iswth —1B 8
Cleveland Rd. N Mald —1B 22
Cleveland Rd. Wor Pk —6B 22
Cleves Rd. Rich —7D 8
Cleves Way. Hamp —4E 12
Clifden Rd. Bren —3E 2
Clifden Rd. Twic —5A 8
Clifford Av. SW14 —7J 3
Clifford Rd. Rich —6E 8
Clifton Av. Felt —7B 6
Clifton Gdns. W4 —1A 4
Clifton Pde. Felt —1B 12
Clifton Pk. Av. SW20 —6F 17
Clifton Rd. SW19 —3G 17
Clifton Rd. King T —4G 15
Clifton Rd. Tedd —1K 13
Clifton Wlk. W6 —1E 4
(off King St.)
Clinton Av. E Mol —1H 19
Clippesby Clo. Chess —3G 25
Clitherow Av. W7 —1B 2
Clitherow Ct. Bren —2D 2
Clitherow Pas. Bren —2D 2
Clitherow Rd. Bren —2C 2
Cliveden Rd. SW19 —5J 17
Clive Rd. Twic —1B 14
Clockhouse Clo. SW19 —6F 11
Clockhouse Pl. SW15 —3H 11
Clock Tower Rd. Iswth —7A 2
Cloister Clo. Tedd —2C 14
Cloisters Mall. King T —6F 15
Cloncurry St. SW6 —6G 5
Clonmel Rd. SW6 —4J 5
Clonmel Rd. Tedd —1J 13
Clonmore St. SW18 —5J 11
Close, The. N Mald —6K 15
Close, The. Rich —7J 3
Close, The. Sutt —4J 23
Cluny M. SW5 —1K 5
Clydesdale Clo. Iswth —7A 2
Clydesdale Gdns. Rich —1J 9
Clymping Dene. Felt —4A 6
Coach Ho. La. SW19 —1G 17
Coalecroft Rd. SW15 —1F 11
Coates Wlk. Bren —2F 3
Cobbett Rd. Twic —5F 7
Cobblers Wlk. Hamp & Tedd —5H 13
Cobb's Rd. Houn —1E 6
Cobham Av. N Mald —2D 22
Cobham Rd. King T —6H 15
Cochrane Rd. SW19 —4J 17
Cocks Cres. N Mald —1C 22
Coda Cen., The. SW6 —5H 5
Colborne Way. Wor Pk —7F 23
Colby Rd. W on T —5A 18
Coldstream Gdns. SW18 —3J 11
Colebrook Clo. SW15 —4G 11
Cole Ct. Twic —4B 8
Coleherne Rd. SW10 —2K 5
Colehill Gdns. SW6 —5H 5
Colehill La. SW6 —5H 5
Cole Pk. Gdns. Twic —3B 8
Cole Pk. Rd. Twic —3B 8
Cole Pk. View. Twic —3B 8
Coleridge Ct. W14 —1G 5
(off Blythe Rd.)
Cole Rd. Twic —3B 8
Coleshill Rd. Tedd —3K 13
Colet Gdns. W14 —1G 5
Colinette Rd. SW15 —1F 11
Coliston Pas. SW18 —4K 11
Coliston Rd. SW18 —4K 11
College Clo. Twic —5J 7
College Ct. W6 —2F 5
(off Queen Caroline St.)
College Gdns. N Mald —2C 22
College Rd. Iswth —5A 2
College Roundabout. King T —7F 15
College Wlk. King T —7F 15
Collier Clo. Eps —3H 25
Collingwood Av. Surb —5K 21
Collingwood Clo. Twic —4F 7
Collingwood Pl. W On T —7A 18
Collingwood Rd. Sutt —7K 23
Collins Path. Hamp —3E 12
Collis All. Twic —5K 7
Colne Ct. Eps —1K 25
Colne Dri. W On T —7C 18
Colne Rd. Twic —5K 7
Colonial Av. Twic —2H 7
Colonial Dri. W4 —1K 3
Colston Rd. SW14 —1K 9
Columbia Av. Wor Pk —4C 22
Columbia Sq. SW14 —1K 9
Colville Rd. W3 —1J 3
Colwith Rd. W6 —3F 5
Combemartin Rd. SW18 —4H 11
Comeragh M. W14 —2H 5
Comeragh Rd. W14 —2H 5
Commerce Rd. Bren —4D 2
Commondale. SW15 —7F 5
Common La. Clay —4B 24
Common Rd. SW13 —7E 4
Common Rd. Clay —3B 24
Common Side. Eps —4H 27
Common, The. Asht —5E 26
Compass Hill. Rich —3E 8
Compton Cres. W4 —3K 3
Compton Cres. Chess —2F 25
Compton Rd. SW19 —3J 17
Conifer Gdns. Sutt —6K 23
Conifers Clo. Tedd —4C 14
Coniger Rd. SW6 —6K 5
Coniston Clo. SW13 —4C 4
Coniston Clo. SW20 —3G 23
Coniston Clo. W4 —4K 3
Coniston Rd. Twic —3G 7
Coniston Way. Chess —7F 21
Connaught Av. SW14 —7K 3
Connaught Av. Houn —1D 6
Connaught Rd. N Mald —1B 22
Connaught Rd. Rich —2G 9
Connaught Rd. Tedd —2J 13
Conrad Dri. Wor Pk —5F 23
Consfield Av. N Mald —1D 22
Consort M. Iswth —2J 7
Constable Ct. W4 —2J 3
(off Chaseley Dri.)
Constable Gdns. Iswth —2J 7
Constance Rd. Twic —4G 7
Convent Gdns. W5 —1D 2
Conway Rd. SW20 —5F 17
Conway Rd. Felt —2C 12
Conway Rd. Houn —4E 6
Conway Wlk. Hamp —3E 12
Coombe Bank. King T —5B 16
Coombe Clo. Houn —1F 7
Coombe Cres. Hamp —4E 12
Coombe End. King T —4A 16
Coombefield Clo. N Mald —2B 22

Coombe Gdns.—Digdens Rise

Coombe Gdns. SW20 —6D 16
Coombe Gdns. N Mald —1C 22
Coombe Hill Glade. King T —4B 16
Coombe Hill Rd. King T —4B 16
Coombe Ho. Chase. N Mald —5A 16
Coombe La. SW20 —5C 16
Coombe Lane. (Junct.) —5C 16
Coombe La. King T —5J 15
Coombe La. Flyover. King T —5C 16
Coombe La. W. King T —5J 15
Coombe Neville. King T —4A 16
Coombe Pk. King T —2K 15
Coombe Ridings. King T —2K 15
Coombe Rise. King T —5K 15
Coombe Rd. W4 —2B 4
Coombe Rd. Hamp —3E 12
Coombe Rd. King T —5H 15
Coombe Rd. N Mald —6B 16
Coombe Wlk. Sutt —7K 23
Coombewood Rd. King T —2K 15
Coomer M. SW6 —3J 5
Coomer Pl. SW6 —3J 5
Coomer Rd. SW6 —3J 5
Coopers Ct. Iswth —6A 2 (off Woodlands Rd.)
Copenhagen Way. W On T —7A 18
Cope Pl. W8 —1K 5
Coppard Gdns. Chess —3D 24
Copper Mill Dri. Iswth —6A 2
Coppice Clo. SW20 —7F 17
Coppice Dri. SW15 —3E 10
Coppsfield. W Mol —7F 13
Copse Glade. Surb —4E 20
Copse Hill. SW20 —5D 16
Copthall Gdns. Twic —5A 8
Coram Ho. W4 —2B 4 (off Wood St.)
Corban Rd. Houn —1F 7
Corbiere Ct. SW19 —3G 17
Corelli Ct. SW5 —1K 5 (off W. Cromwell Rd.)
Corfe Clo. Asht —7D 26
Corkran Rd. Surb —4E 20
Corney Reach Way. W4 —3B 4
Corney Rd. W4 —3B 4
Cornish Ho. Bren —2G 3
Cornwall Av. Clay —4A 24
Cornwall Gro. W4 —2B 4
Cornwall Rd. Twic —4B 8
Coronation Wlk. Twic —5F 7
Corporate Dri. Felt —7A 6
Corporation Av. Houn —1D 6
Corscombe Clo. King T —2K 15
Cortayne Ct. Twic —6K 7
Cortayne Rd. SW6 —6J 5
Cortis Rd. SW15 —3E 10
Cortis Ter. SW15 —3E 10
Cotman Clo. SW15 —3G 11
Cotsford Av. N Mald —2K 21
Cotswold Clo. Hin W —6A 20
Cotswold Clo. King T —3K 15
Cotswold Rd. Hamp —3F 13
Cotswold Way. Wor Pk —6F 23
Cottage Gro. Surb —3E 20
Cottenham Dri. SW20 —4E 16
Cottenham Pde. SW20 —6E 16
Cottenham Pk. Rd. SW20 (in two parts) —5D 16
Cottenham Pl. SW20 —4E 16
Cotterill Rd. Surb —6F 21
Cottimore Av. W On T —5A 18
Cottimore Cres. W On T —4A 18
Cottimore La. W On T —4A 18
Cottimore Ter. W On T —4A 18
Cottington Rd. Felt —1C 12
Couchmore Av. Esh —6K 19
Country Way. Hanw —3A 12
County Pde. Bren —4E 2
Court Clo. Twic —7G 7
Court Clo. Av. Twic —7G 7
Court Cres. Chess —3E 24
Courtenay Rd. Wor Pk —7F 23
Court Farm Gdns. Eps —7K 25
Courthope Rd. SW19 —2H 17
Courthope Vs. SW19 —4H 17
Court Ho. Mans. Eps —1K 27
Courtlands. Rich —2H 9
Courtlands Av. Hamp —3E 12
Courtlands Av. Rich —5J 3
Courtlands Rd. Surb —4H 21
Court La. Eps —2K 27
Court Way. Twic —4A 8
Coutts Av. Chess —2F 25
Coval Gdns. SW14 —1J 9
Coval La. SW14 —1J 9
Coval Pas. SW14 —1K 9
Coval Rd. SW14 —1K 9
Coverts Rd. Clay —4A 24
Cowleaze Rd. King T —5F 15
Cowley Rd. SW14 —7B 4
Cowper Rd. King T —2G 15
Cox Ho. W6 —3H 5 (off Field Rd.)
Cox La. Chess —1G 25
Cox La. Eps —2J 25
Coxwold Path. Chess —4F 25
Crabtree La. SW6 —4F 5 (in two parts)
Craddocks Av. Asht —6F 27
Craddocks Pde. Asht —6F 27 (in two parts)
Craig Rd. Rich —1D 14
Crammond Clo. W6 —3H 5
Cranborne Av. Surb —7H 21
Cranbrook Ct. Bren —3E 2 (off Somerset Rd.)
Cranbrook Dri. Esh —5H 19
Cranbrook Dri. Twic —5G 7
Cranbrook Rd. SW19 —4H 17
Cranbrook Rd. W4 —2B 4
Cranbrook Rd. Houn —1E 6
Crane Av. Iswth —2B 8
Cranebrook. Twic —6H 7
Craneford Clo. Twic —4A 8
Craneford Way. Twic —4K 7
Crane Ho. Felt —7F 7
Crane Mead Ct. Twic —4A 8
Crane Pk. Rd. Twic —6G 7
Crane Rd. Twic —5K 7
Cranes Dri. Surb —1G 21
Cranes Pk. Surb —1F 21
Cranes Pk. Av. Surb —1F 21
Cranes Pk. Cres. Surb —1G 21
Crane Way. Twic —4H 7
Cranford Clo. SW20 —4E 16
Cranleigh Ct. Rich —7H 3
Cranleigh Gdns. King T —3G 15
Cranleigh Gdns. Sutt —6K 23
Cranleigh Rd. SW19 —7K 17
Cranleigh Rd. Esh —5H 19
Cranmer Av. W13 —1C 2
Cranmer Clo. Mord —3G 23
Cranmer Rd. Hamp —2G 13
Cranmer Rd. King T —2F 15
Craven Gdns. SW19 —2K 17
Craven Rd. King T —5G 15
Cray Av. Asht —5F 27
Crayke Hill. Chess —4F 25
Crediton Way. Clay —2B 24
Creek Rd. E Mol —1K 19
Crefeld Clo. W6 —3H 5
Creighton Rd. W5 —1E 2
Crescent Ct. Surb —2E 20
Crescent Gdns. SW19 —7K 11
Crescent Rd. SW20 —5G 17
Crescent Rd. King T —4H 15
Crescent Stables. SW15 —2H 11
Crescent, The. SW13 —6D 4
Crescent, The. SW19 —7K 11
Crescent, The. Eps —3H 27 (in two parts)
Crescent, The. N Mald —6A 16
Crescent, The. Surb —2F 21
Crescent, The. W Mol —1F 19
Cresford Rd. SW6 —5K 5
Cressage Ho. Bren —3F 3 (off Ealing Rd.)
Cresswell Rd. Felt —7D 6
Cresswell Rd. Twic —3E 8
Creston Way. Wor Pk —5G 23
Crest, The. Surb —2H 21
Crestway. SW15 —3D 10
Crestwood Way. Houn —2E 6
Cricketers Clo. Chess —1E 24
Crieff Ct. Tedd —4D 14
Crispen Rd. Felt —1D 12
Crispin Clo. Asht —6G 27
Crisp Rd. W6 —2F 5
Cristowe Rd. SW6 —6J 5
Crofters Clo. Iswth —2J 7
Crofton. Asht —7F 27
Crofton Av. W4 —4A 4
Crofton Av. W On T —7B 18
Crofton Ter. Rich —1G 9
Croftway. Rich —7C 8
Cromer Vs. Rd. SW18 —3J 11
Cromford Rd. SW18 —2K 11
Cromford Way. N Mald —6A 16
Cromwell Av. W6 —2E 4
Cromwell Av. N Mald —2C 22
Cromwell Clo. W On T —5A 18
Cromwell Cres. SW5 —1K 5
Cromwell Pl. SW14 —7K 3
Cromwell Rd. SW5 & SW7 —1K 5
Cromwell Rd. SW19 —2K 17
Cromwell Rd. Felt —5A 6
Cromwell Rd. Houn —1F 7
Cromwell Rd. King T —5F 15
Cromwell Rd. Tedd —3B 14
Cromwell Rd. W On T —5A 18
Cromwell Rd. Wor Pk —7A 22
Cromwell St. Houn —1F 7
Crondace Rd. SW6 —5K 5
Crooked Billet. SW19 —3F 17
Crookham Rd. SW6 —5J 5
Crosby Clo. Felt —7D 6
Cross Deep. Twic —6A 8
Cross Deep Gdns. Twic —6A 8
Cross Lances Rd. Houn —1G 7
Cross Rd. SW19 —4K 17
Cross Rd. Felt —1D 12
Cross Rd. King T —4G 15
Cross St. SW13 —6B 4
Cross St. Hamp —2H 13
Crossway. SW20 —1F 23
Crossway. W On T —6A 18
Crossways, The. Surb —5J 21
Crown Arc. King T —6E 14
Crown Clo. W On T —4B 18
Crown La. Mord —1K 23
Crown M. W6 —1D 4
Crown Pas. King T —6E 14
Crown Rd. Mord —1K 23
Crown Rd. N Mald —5K 15
Crown Rd. Twic —3C 8
Crown Ter. Rich —1G 9
Crowntree Clo. Iswth —3A 2
Crowther Av. Bren —1F 3
Crowthorne Clo. SW18 —4J 11
Croxall Ho. W on T —3B 18
Croylands Dri. Surb —4F 21
Crutchfield La. W On T —6A 18
Cudas Clo. Eps —7C 22
Cuddington Av. Wor Pk —7C 22
Cuddington Glade. Eps —1H 27
Culsac Rd. Surb —6F 21
Culverhay. Asht —5F 27
Cumberland Clo. SW20 —4G 17
Cumberland Clo. Twic —3C 8
Cumberland Cres. W14 —1H 5 (in two parts)
Cumberland Dri. Chess —7G 21
Cumberland Dri. Esh —6B 20
Cumberland Ho. King T —4J 15
Cumberland Pl. Sun —1A 18
Cumberland Rd. SW13 —5C 4
Cumberland Rd. Rich —4H 3
Cumbrae Gdns. Surb —6E 20
Cunliffe Pde. Eps —7C 22
Cunliffe Rd. Eps —7C 22
Cunnington St. W4 —1K 3
Curlew Ct. Surb —7H 21
Currie Hill Clo. SW19 —1J 17
Curtis Rd. Eps —1K 25
Curtis Rd. Houn —4E 6
Cusack Clo. Twic —1A 14
Cutthroat All. Rich —6D 8
Cyclamen Clo. Hamp —3F 13
Cyclamen Way. Eps —2K 25
Cygnet Av. Felt —4B 6
Cygnets, The. Felt —1D 12
Cypress Av. Twic —4H 7

D'abernon Chase. Lea —3B 26
D'Abernon Clo. Esh —7F 19
Daffodil Pl. Hamp —3F 13
Dagmar Rd. King T —5G 15
Dain Ct. W8 —1K 5 (off Lexham Gdns.)
Dairy Wlk. SW19 —1H 17
Daisy La. SW6 —7K 5
Daleside Rd. Eps —3K 25
Dale St. W4 —2B 4
Dalewood Gdns. Wor Pk —6E 22
Dalling Rd. W6 —1E 4
Dalmeny Cres. Houn —1J 7
Dalmeny Rd. Wor Pk —7E 22
Dalmore Av. Clay —3A 24
Damascene Wlk. SE21 —5D 10
Dancer Rd. SW6 —5J 5
Dancer Rd. Rich —7H 3
Danebury Av. SW15 —3B 10 (in two parts)
Danehurst St. SW6 —5H 5
Danemere St. SW15 —7F 5
Danesbury Rd. Felt —5A 6
Danesfield Clo. W On T —7A 18
Danetree Clo. Eps —4K 25
Danetree Rd. Eps —4K 25
Daniel Clo. Houn —4E 6
Da Palma Ct. SW6 —3K 5 (off Anselm Rd.)
Daphne Ct. Wor Pk —6B 22
Darby Cres. Sun —6B 12
Darby Gdns. Sun —6B 12
D'Arcy Pl. Asht —6G 27
D'Arcy Rd. Asht —6G 27
Darcy Rd. Iswth —5B 2
D'Arcy Rd. Sutt —7G 23
Darell Rd. Rich —7H 3
Darfur St. SW15 —7G 5
Darlan Rd. SW6 —4J 5
Darlaston Rd. SW19 —4G 17
Darley Dri. N Mald —6A 16
Dartmouth Pl. W4 —3B 4
Darwin Rd. W5 —2D 2
Davenport Clo. Tedd —3B 14
Davis Rd. Chess —1H 25
Davmor Ct. Bren —2D 2
Dawes Av. Iswth —2B 8
Dawes Rd. SW6 —4H 5
Dawson Rd. King T —7G 15
Daylesford Av. SW15 —1D 10
Deacon Rd. King T —5G 15
Deacons Ct. Twic —6A 8
Deacons Wlk. Hamp —1F 13
Dealtry Rd. SW15 —1F 11
Deanhill Ct. SW14 —1J 9
Deanhill Rd. SW14 —1J 9
Dean Rd. Hamp —2F 13
Dean Rd. Houn —2G 7
Deans Clo. W4 —3J 3
Deans La. W4 —3J 3 (off Deans Clo.)
Deans Rd. Sutt —7K 23
Debden Clo. King T —2E 14
De Brome Rd. Felt —5B 6
Deepdale. SW19 —1G 17
Deepwell Clo. Iswth —5B 2
Deerhurst Clo. Felt —1A 12
Deerhurst Cres. Hamp H —2H 13
Dee Rd. Rich —1G 9
Deer Pk. Clo. King T —4J 15
Defoe Av. Rich —4H 3
Delaford St. SW6 —4H 5
Delamere Rd. SW20 —5G 17
Delcombe Av. Wor Pk —5F 23
Dellbow Rd. Felt —2A 6
Dell, The. Bren —3D 2
Dell, The. Felt —4A 6
Dell Wlk. N Mald —6B 16
Delorme St. W6 —3G 5
Delta Clo. Wor Pk —7C 22
Delta Rd. Wor Pk —7B 22
Delvino Rd. SW6 —5K 5
Dempster Clo. Surb —5D 20
Denbigh Gdns. Rich —2G 9
Dene Clo. Wor Pk —6C 22
Dene Gdns. Th Dit —6B 20
Denehurst Gdns. Rich —1H 9
Denehurst Gdns. Twic —4J 7
Dene Rd. Asht —7G 27
Dene, The. W Mol —2E 18
Denham Rd. Felt —4B 6
Denleigh Gdns. Th Dit —3K 19
Denman Dri. Clay —2B 24
Denmark Av. SW19 —4H 17
Denmark Ct. Mord —3K 23
Denmark Rd. SW19 —3G 17
Denmark Rd. King T —7F 15
Denmark Rd. Twic —7J 7
Denmead Ho. SW15 —3C 10 (off Highcliffe Dri.)
Dennan Rd. Surb —5G 21
Denning Clo. Hamp —2E 12
Denningtons, The. Wor Pk —6B 22
Dennison Gro. SW14 —7A 4
Dennis Pk. Cres. SW20 —5H 17
Dennis Rd. E Mol —1H 19
Denton Gro. W On T —6D 18
Denton Rd. Twic —3E 8
Deodar Rd. SW15 —1H 11
Derby Est. Houn —1G 7
Derby Rd. SW14 —1J 9
Derby Rd. SW19 —4K 17
Derby Rd. Houn —1G 7
Derby Rd. Surb —5H 21
Derek Av. Eps —3H 25
Derek Clo. Ewe —2J 25
Derwent Av. SW15 —1B 16
Derwent Clo. Clay —3A 24
Derwent Lodge. Wor Pk —6E 22
Derwent Rd. SW20 —2G 23
Derwent Rd. Twic —3G 7
Desborough Ho. W14 —3J 5 (off N. End Rd.)
Devas Rd. SW20 —5F 17
Devereux La. SW13 —4E 4
Devey Clo. King T —4B 16
Devitt Clo. Asht —5H 27
Devoke Way. W On T —6C 18
Devon Av. Twic —5H 7
Devon Ct. Hamp —4F 13
Devoncroft Gdns. Twic —4B 8
Devonhurst Pl. W4 —2A 4
Devonshire Dri. Surb —5E 20
Devonshire Gdns. W4 —4K 3
Devonshire M. W4 —2B 4
Devonshire Pas. W4 —2B 4
Devonshire Pl. W4 —2B 4
Devonshire Rd. W4 —2B 4
Devonshire Rd. Felt —7D 6
Devonshire St. W4 —2B 4
Devon Way. Chess —2D 24
Devon Way. Eps —2J 25
Dewsbury Ct. W4 —1K 3
Dewsbury Gdns. Wor Pk —7D 22
Diana Gdns. Surb —6G 21
Diana Ho. SW13 —5C 4
Dibdin Clo. Sutt —7K 23
Dibdin Rd. Sutt —7K 23
Dickens Clo. Rich —6F 9
Dickenson Rd. Felt —2C 12
Dickerage La. N Mald —7K 15
Dickerage Rd. King T & N Mald —5K 15
Digby Mans. W6 —2E 4 (off Hammersmith Bri. Rd.)
Digdens Rise. Eps —4K 27

A-Z Richmond & Kingston 33

Dilton Gdns.—Evelyn Rd.

Dilton Gdns. SW15 —5D 10
Dimes Pl. W6 —1E 4
Dinton Rd. King T —4G 15
Disbrowe Rd. W6 —3H 5
Disraeli Clo. W4 —1A 4
Disraeli Gdns. SW15 —1J 11
Disraeli Rd. SW15 —1H 11
Distillery La. W6 —2F 5
Distillery Rd. W6 —2F 5
Distillery Wlk. Bren —3F 3
Ditton Clo. Th Dit —4B 20
Ditton Grange Clo. Surb —5E 20
Ditton Grange Dri. Surb —5E 20
Ditton Hill. Surb —5D 20
Ditton Hill Rd. Surb —5D 20
Ditton Lawn. Th Dit —5B 20
Ditton Reach. Th Dit —3C 20
Ditton Rd. Surb —6E 20
Divis Way. SW15 —3E 10 (off Dover Pk. Dri.)
Dock Rd. Bren —4E 2
Dolby Rd. SW6 —6J 5
Dolman Rd. W4 —1A 4
Dolphin Clo. Surb —2E 20
Dolphin Sq. W4 —4B 4
Dolphin St. King T —6F 15
Donald Woods Gdns. Surb —6J 21
Doneraile St. SW6 —6G 5
Donnelly Ct. SW6 —4H 5 (off Dawes Rd.)
Donnington Rd. Wor Pk —6D 22
Donovan Clo. Eps —6K 25
Doone Clo. Tedd —3B 14
Dora Rd. SW19 —2K 17
Dorchester Gro. W4 —2B 4
Dorchester M. N Mald —1A 22
Dorchester M. Twic —3D 8
Dorchester Rd. Wor Pk —5F 23
Doria Rd. SW6 —6J 5
Dorien Rd. SW20 —6G 17
Dorking Clo. Wor Pk —6G 23
Dorking Rd. Eps —5H 27
Dormay St. SW18 —2K 11
Dorncliffe Rd. SW6 —6H 5
Dorney Way. Houn —2D 6
Dorset Rd. SW19 —5K 17
Dorset Way. Twic —5J 7
Dorville Cres. W6 —1E 4
Douai Gro. Hamp —5H 13
Douglas Av. N Mald —1E 22
Douglas Ho. Surb —5G 21
Douglas Johnston Ho. SW6 (off Clem Attlee Ct.) —3J 5
Douglas Mans. Houn —1G 7
Douglas Rd. Esh —6G 19
Douglas Rd. Houn —1G 7
Douglas Rd. King T —6J 15
Douglas Rd. Surb —6G 21
Douglas Sq. Mord —3K 23
Dounesforth Gdns. SW18 —5K 11
Dovecote Gdns. SW14 —7A 4
Dover Ho. Rd. SW15 —1D 10
Dover Pk. Dri. SW15 —3E 10
Dowdeswell Clo. SW15 —1B 10
Downbury M. SW18 —2K 11
Downes Clo. Twic —3C 8
Downe Ter. Rich —3F 9
Downfield. Wor Pk —5C 22
Down Hall Rd. King T —5E 14
Down Pl. W6 —1E 4
Down Rd. Tedd —3C 14
Downside. Twic —7A 8
Downs, The. SW20 —4G 17
Down St. W Mol —2F 19
Downs View. Iswth —5A 2
Draco Ga. SW15 —7F 5
Drake Rd. Chess —2H 25
Drax Av. SW20 —4D 16
Draxmont App. SW19 —3H 17
Draycot Rd. Surb —5H 21
Dray Ct. Wor Pk —6D 22
Draymans Way. Iswth —7A 2
Drayton Clo. Houn —2E 6
Drive Mans. SW6 —6H 5 (off Fulham Rd.)
Drive, The. SW20 —4F 17
Drive, The. Esh —5H 19
Drive, The. Felt —4B 6
Drive, The. King T —4K 15
Drive, The. Surb —4F 21
Dromore Rd. SW15 —3H 11
Drumaline Ridge. Wor Pk —6B 22
Drummond Gdns. Eps —7K 25
Dryad St. SW15 —7G 5
Dryburgh Rd. SW15 —7E 4
Dryden Mans. W14 —3H 5 (off Queen's Club Gdns.)
Ducks Wlk. Twic —2D 8
Dudley Dri. Mord —5H 23
Dudley Gro. Eps —3K 27
Dudley Rd. SW19 —3K 17
Dudley Rd. King T —7G 15
Dudley Rd. Rich —6G 3
Dudley Rd. W on T —4A 18
Duke of Cambridge Clo. Twic —3J 7
Duke Rd. W4 —2A 4
Duke's Av. W4 —2A 4
Dukes Av. Houn —1D 6
Dukes Av. N Mald —7C 16
Dukes Av. Rich & King T —1D 14
Dukes Clo. Hamp —2E 12
Dukes Grn. Av. Felt —2A 6
Dukes Head Pas. Hamp —4H 13
Duke St. Rich —1E 8
Dumbleton Clo. King T —5J 15
Dunbar Ct. W on T —5B 18
Dunbar Rd. N Mald —1K 21
Dunbridge Ho. SW15 —3C 10 (off Highcliffe Dri.)
Duncan Rd. Rich —1F 9
Dundas Gdns. W Mol —7G 13
Dundonald Rd. SW19 —4H 17
Dungarvan Av. SW15 —1D 10
Dunleary Clo. Houn —4E 6
Dunmore Rd. SW20 —5F 17
Dunmow Clo. Felt —7D 6
Dunsany Rd. W14 —1G 5
Dunsford Way. SW15 —3E 10
Dunsmore Rd. W On T —3A 18
Dunstable Rd. Rich —1F 9
Dunstable Rd. W Mol —1E 18
Dunstall Rd. SW20 —3E 16
Dunstall Way. W Mol —7G 13
Dunster Av. Mord —5G 23
Dunton Clo. Surb —5F 21
Dunvegan Clo. W Mol —1G 19
Dupont Rd. SW20 —6G 17
Durbin Rd. Chess —1F 25
Durford Cres. SW15 —5E 10
Durham Clo. SW20 —6E 16
Durham Ct. Tedd —1J 13
Durham Rd. SW20 —5E 16
Durham Rd. W5 —1E 2
Durham Rd. Felt —4B 6
Durham Wharf. Bren —4D 2
Durlston Rd. King T —3F 15
Durnsford Av. SW19 —6K 11
Durnsford Rd. SW19 —6K 11
Durrell Rd. SW6 —6J 5
Durrington Av. SW20 —4F 17
Durrington Pk. Rd. SW20 —5F 17
Dutch Gdns. King T —3J 15
Dutch Yd. SW18 —2K 11
Duxberry Av. Felt —7B 6
Dyer Ho. Hamp —5G 13
Dyers La. SW15 —1E 10
Dymes Path. SW19 —6G 11
Dynevor Rd. Rich —2F 9
Dysart Av. King T —2D 14

Ealing Pk. Gdns. W5 —1D 2
Ealing Rd. Bren —1E 2
Ealing Rd. Trad. Est. Bren —2E 2
Eardley Cres. SW5 —2K 5
Earldom Rd. SW15 —1F 11
Earle Gdns. King T —4F 15
Earl Rd. SW14 —1K 9
Earls Ct. Gdns. SW5 —1K 5
Earls Ct. Rd. W8 & SW5 —1K 5
Earl's Ct. Sq. SW5 —2K 5
Earls Ter. W8 —1J 5
Earls Wlk. W8 —1K 5
Earne Rd. W4 —3H 3
Earsby St. W14 —1H 5 (in two parts)
Eastbank Rd. Hamp —2H 13
Eastbourne Gdns. SW14 —7K 3
Eastbourne Rd. W4 —3K 3
Eastbourne Rd. Bren —2D 2
Eastbourne Rd. Felt —6C 6
Eastbury Gro. W4 —2B 4
Eastbury Rd. King T —4F 15
Eastcote Av. W Mol —2E 18
Eastdean Av. Eps —2J 27
East La. King T —7E 14
Eastleigh Wlk. SW15 —4D 10
Eastmont Rd. Esh —6A 20
East Rd. King T —5F 15
E. Sheen Av. SW14 —2A 10
East St. Bren —4D 2
Eastway. Eps —7K 25
Eastway. Mord —2G 23
Eaton Dri. King T —4H 15
Eaton Rd. Houn —1J 7
Ebbas Way. Eps —4J 27
Ebbisham Rd. Eps —3J 27
Ebbisham Rd. Wor Pk —6F 23
Ebor Cotts. SW15 —7B 10
Eddiscombe Rd. SW6 —6J 5
Ede Clo. Houn —1E 6
Edenfield Gdns. Wor Pk —7C 22
Edenhurst Av. SW6 —7J 5
Edensor Gdns. W4 —4B 4
Edensor Rd. W4 —4B 4
Eden St. King T —6E 14
Eden Wlk. King T —6F 15
Edgar Ct. N Mald —7B 16
Edgarley Ter. SW6 —5H 5
Edgar Rd. Houn —4E 6
Edgecoombe Clo. King T —4A 16
Edge Hill. SW19 —4G 17
Edge Hill Ct. SW19 —4G 17
Edgehill Ct. W on T —5B 18
Edinburgh Ct. SW20 —2G 23
Edinburgh Ct. King T —7F 15 (off Watersplash Clo.)
Edith Gdns. Surb —4J 21
Edith Ho. W6 —2F 5 (off Queen Caroline St.)
Edith Rd. W14 —1H 5
Edith Summerskill Ho. SW6 (off Clem Attlee Est.) —4J 5
Edith Vs. W14 —1J 5
Edna Rd. SW20 —6G 17
Edward Clo. Hamp —2H 13
Edwardes Pl. W8 —1J 5
Edwardes Sq. W8 —1J 5
Edward Rd. Hamp —2H 13
Edwards Clo. Wor Pk —6G 23
Edwin Rd. Twic —5K 7
Edwinstray Ho. Felt —7F 7
Eel Pie Island. Twic —5B 8
Effie Pl. SW6 —4K 5
Effie Rd. SW6 —4K 5
Effingham Lodge. King T —1E 20
Effingham Rd. Surb —4C 20
Effra Rd. SW19 —3K 17
Egbury Ho. SW15 —3C 10 (off Tangley Gro.)
Egerton Rd. N Mald —1C 22
Egerton Rd. Twic —4K 7
Egham Clo. SW19 —6H 11
Egham Clo. Sutt —6H 23
Egham Cres. Sutt —7G 23
Egliston M. SW15 —7F 5
Egliston Rd. SW15 —7F 5
Egmont Av. Surb —5G 21
Egmont Rd. N Mald —1C 22
Egmont Rd. Surb —5G 21
Egmont Rd. W On T —4A 18
Elborough St. SW18 —5K 11
Eleanor Av. Eps —6K 25
Eleanor Gro. SW13 —7B 4
Electric Pde. Surb —3E 20
Elfin Gro. Tedd —2A 14
Elgar Av. Surb —5H 21
Elgar Ct. W14 —1H 5 (off Blythe Rd.)
Eliot Gdns. SW15 —1D 10
Elizabeth Cotts. Rich —5G 3
Elizabeth Ct. Tedd —2K 13
Elizabeth Gdns. Sun —7B 12
Elizabeth Way. Felt —1B 12
Ellaline Rd. W6 —3G 5
Elland Rd. W On T —6C 18
Ellenborough Pl. SW15 —1D 10
Ellen Wilkinson Ho. SW6 (off Clem Attlee Ct.) —3J 5
Elleray Rd. Tedd —3A 14
Ellerby St. SW6 —5G 5
Ellerdine Rd. Houn —1H 7
Ellerker Gdns. Rich —3F 9
Ellerman Av. Twic —5E 6
Ellerton Rd. SW13 —5D 4
Ellerton Rd. SW20 —4D 16
Ellerton Rd. Surb —6G 21
Ellesmere Ct. W4 —3A 4
Ellesmere Rd. W4 —3K 3
Ellesmere Rd. Twic —3D 8
Elleswood Ct. Surb —4E 20
Ellingham Rd. Chess —3E 24
Elliott Rd. W4 —1B 4
Ellisfield Dri. SW15 —4D 10
Ellison Rd. SW13 —6C 4
Elm Bank Gdns. SW13 —6B 4
Elmbridge Av. Surb —2J 21
Elm Clo. SW20 —1F 23
Elm Clo. Surb —4K 21
Elm Clo. Twic —6G 7
Elm Ct. W Mol —1G 19
Elm Cres. King T —5F 15
Elmcroft Clo. Chess —7F 21
Elmcroft Dri. Chess —7F 21
Elmdene. Surb —5K 21
Elm Dri. Sun —6B 12
Elmer Gdns. Iswth —1J 7
Elmers Dri. Tedd —3C 14
Elmfield Av. Tedd —2A 14
Elm Gdns. Clay —3A 24
Elmgate Av. Felt —7B 6
Elm Gro. SW19 —4H 17
Elm Gro. Eps —3K 27
Elm Gro. King T —5F 15
Elm Gro. Rd. SW13 —5D 4
Elm Lodge. SW6 —5G 5
Elm Rd. SW14 —7K 3
Elm Rd. Chess —1F 25
Elm Rd. Clay —3A 24
Elm Rd. King T —5G 15
Elm Rd. N Mald —6A 16
Elm Rd. W. Sutt —4J 23
Elmshaw Rd. SW15 —2D 10
Elmsleigh Ho. Twic —6J 7 (off Staines Rd.)
Elmsleigh Rd. Twic —6J 7
Elmslie Clo. Eps —3K 27
Elmstead Gdns. Wor Pk —7D 22
Elms, The. SW13 —7C 4
Elms, The. Clay —4A 24
Elmstone Rd. SW6 —5K 5
Elm Tree Av. Esh —4J 19
Elmtree Rd. Tedd —1K 13
Elm Wlk. SW20 —1F 23
Elm Way. Wor Pk —7F 23
Elmwood Av. Felt —6A 6
Elmwood Clo. Asht —6E 26
Elmwood Ct. Asht —6E 26
Elmwood Rd. W4 —3K 3
Elsenham St. SW18 —5J 11
Elsinore Way. Rich —7J 3
Elsrick Av. Mord —2K 23
Elstead Ct. Sutt —5H 23
Elsworthy. Th Dit —3K 19
Elthiron Rd. SW6 —5K 5
Elthorne Ct. Felt —5B 6
Elton Clo. King T —4D 14
Elton Rd. King T —5G 15
Ely Clo. SW20 —6C 16
Ely Clo. N Mald —6C 16
Elysium Pl. SW6 —6J 5 (off Elysium St.)
Elysium St. SW6 —6J 5
Emanuel Dri. Hamp —2E 12
Embankment. SW15 —6G 5
Embankment, The. Twic —5B 8
Ember Cen. W on T —6D 18
Ember Ct. Rd. Th Dit —3K 19
Ember Farm Av. E Mol —3J 19
Ember Farm Way. E Mol —3J 19
Ember Gdns. Th Dit —4K 19
Ember La. Esh & E Mol —4J 19
Embleton Wlk. Hamp —2E 12
Emlyn Rd. W12 —1C 4
Emms Pl. King T —6E 14
Empress Pl. SW6 —2K 5
Endeavour Way. SW19 —1K 17
Endsleigh Gdns. Surb —3D 20
End Way. Surb —4H 21
Enfield Rd. Bren —2E 2
Enfield Wlk. Bren —2E 2
Engadine St. SW18 —5K 11
Enmore Gdns. SW14 —2A 10
Enmore Rd. SW15 —1F 11
Ennerdale Rd. Rich —6G 3
Ennismore Av. W4 —1C 4
Ennismore Gdns. Th Dit —3K 19
Enterprise Way. SW18 —1K 11
Enterprise Way. Tedd —3A 14
Epirus M. SW6 —4K 5
Epirus Rd. SW6 —4J 5
Epple Rd. SW6 —5J 5
Epsom Gap. Lea —4C 26
Epsom Rd. Asht —7G 27
Epsom Rd. Sutt & Mord —4J 23
Epworth Rd. Iswth —4C 2
Ericcson Clo. SW18 —2K 11
Erncroft Way. Twic —3A 8
Ernest Gdns. W4 —3J 3
Ernest Rd. King T —6J 15
Ernest Sq. King T —6J 15
Ernle Rd. SW20 —4E 16
Ernshaw Pl. SW15 —2H 11
Erpingham Rd. SW15 —7F 5
Erridge Rd. SW19 —6K 17
Errol Gdns. N Mald —1D 22
Esher Av. Sutt —7G 23
Esher Av. W On T —4A 18
Esher By-Pass. Cobh & Esh —6A 24
Esher Gdns. SW19 —6G 11
Esher Grn. Esh —7G 19
Esher Grn. Dri. Esh —7G 19
Esher Pl. Av. Esh —7G 19
Esher Rd. E Mol —3J 19
Esmond Gdns. W4 —1A 4
Esmond Rd. W4 —1A 4
Esmond St. SW15 —1H 11
Essex Av. Iswth —1K 7
Essex Clo. Mord —4G 23
Essex Ct. SW13 —6C 4
Essex Pl. W4 —1K 3
Essex Pl. Sq. W4 —1A 4
Essex Rd. W4 —1A 4 (in two parts)
Estcourt Rd. SW6 —4J 5
Estella Av. N Mald —1E 22
Estridge Clo. Houn —1F 7
Eternit Wlk. SW6 —5G 5
Ethel Bailey Clo. Eps —1H 27
Ethelbert Rd. SW20 —5G 17
Eton Av. N Mald —2A 22
Eton St. Rich —2F 9
Etwell Pl. Surb —3G 21
Eureka Rd. King T —6H 15
Eustace Rd. SW6 —4K 5
Evans Gro. Felt —6F 7
Evans Ho. Felt —6F 7
Evelyn Clo. Twic —4G 7
Evelyn Gdns. Rich —1F 9
Evelyn Mans. W14 —3H 5 (off Queen's Club Gdns.)
Evelyn Rd. SW19 —2K 17

34 A-Z Richmond & Kingston

Evelyn Rd.—Glazbury Rd.

Evelyn Rd. W4 —1A 4
Evelyn Rd. Ham —7D 8
Evelyn Rd. Rich —7F 3
Evelyn Ter. Rich —7F 3
Evenwood Clo. SW15 —2H 11
Everatt Clo. SW18 —3J 11
Everdon Rd. SW13 —3D 4
Everington St. W6 —3G 5
Eve Rd. Iswth —1B 8
Eversfield Rd. Rich —6G 3
Evershed Wlk. W4 —1K 3
Eversley Pk. SW19 —3E 16
Eversley Rd. Surb —1G 21
Evesham Ct. Rich —3G 9
Ewald Rd. SW6 —6J 5
Ewell Rd. Dit H —4C 20
Ewell Rd. Surb —3F 21
Excelsior Clo. King T —6H 15
Exeter Ho. Felt —6D 6 (off Watermill Way)
Exeter Rd. Felt —7E 6
Eyot Gdns. W6 —2C 4
Eyot Grn. W4 —2C 4

Fabian Rd. SW6 —4J 5
Fagg's Rd. Felt —1A 6
Fairacre. N Mald —7B 16
Fairacres. SW15 —1D 10
Fairburn Ct. SW15 —2H 11
Fairburn Ho. W14 —2J 5 (off Ivatt Pl.)
Faircroft Ct. Tedd —3B 14
Fairdale Gdns. SW15 —1E 10
Fairfax Clo. W On T —5A 18
Fairfax Rd. W4 —1B 4
Fairfax Rd. Tedd —3B 14
Fairfield Av. Twic —5G 7
Fairfield E. King T —6F 15
Fairfield N. King T —6F 15
Fairfield Pl. King T —7F 15
Fairfield Rd. King T —6F 15
Fairfield S. King T —7F 15
Fairfields Rd. Houn —1H 7
Fairfield W. King T —6F 15
Fairford Gdns. Wor Pk —7C 22
Fairholme Cres. Asht —6D 26
Fairholme Rd. W14 —2H 5
Fairlands Av. Sutt —6K 23
Fairlawn Av. W4 —1K 3
Fair Lawn Clo. Clay —3A 24
Fairlawn Clo. Felt —1E 12
Fairlawn Clo. King T —3K 15
Fairlawn Ct. W4 —1K 3
Fairlawn Gro. W4 —1K 3
Fairlawn Rd. SW19 —4J 17
Fairlawns. Twic —3D 8
Fairlight Clo. Wor Pk —7F 23
Fairmead. Surb —5J 21
Fairmead Clo. N Mald —7A 16
Fairmead Ct. Rich —6J 3
Fairmile Ho. Tedd —1B 14
Fairoak La. Oxs & Chess —7A 24
Fairway. SW20 —7F 17
Fairway Clo. Eps —1K 25
Fairway Clo. Houn —2B 6
Fairways. Tedd —4E 14
Fairway, The. Lea —7B 26
Fairway, The. N Mald —5A 16
Fairway, The. W Mol —7G 13
Falcon Clo. W4 —3K 3
Falcon Rd. Hamp —4E 12
Falcon Way. Felt —2A 6
Falstaff M. Hamp —5H 13
Fane St. W14 —3J 5
Fanshawe Rd. Rich —1D 14
Fanthorpe St. SW15 —7F 5
Faraday Rd. SW19 —3K 17
Faraday Rd. W Mol —1F 19
Fareham Rd. Felt —4B 6
Farlington Pl. SW15 —4E 10
Farlow Rd. SW15 —7G 5
Farm La. SW6 —3K 5
Farm La. Asht & Eps —6H 27
Farm La. Clo. SW6 —4K 5 (off Farm La.)
Farm Rd. Esh —5G 19
Farm Rd. Houn —5D 6
Farm Way. Wor Pk —7F 23
Farnell M. SW5 —2K 5
Farnell Rd. Iswth —1J 7
Farnham Gdns. SW20 —6E 16
Faroe Rd. W14 —1G 5
Farquhar Rd. SW19 —7K 11
Farrer Ct. Twic —4E 8
Farrier Clo. Sun —7A 12
Farthings, The. King T —5H 15
Fassett Rd. King T —1F 21
Fauconberg Ct. W4 —3K 3 (off Fauconberg Rd.)
Fauconberg Rd. W4 —3K 3
Favart Rd. SW6 —5K 5
Fawcus Clo. Clay —3A 24
Fawe Pk. Rd. SW15 —1J 11
Fearnley Cres. Hamp —2D 12
Fee Farm Rd. Clay —4A 24
Felcott Clo. W On T —7B 18
Felcott Rd. W On T —7B 18
Felden St. SW6 —5J 5
Felgate M. W6 —1E 4
Felix Rd. W on T —3A 18
Fellbrook. Rich —7C 8
Felsham Rd. SW15 —7F 5
Feltham Av. E Mol —1K 19
Felthambrook Ind. Est. Felt —7A 6
Felthambrook Way. Felt —7A 6
Feltham Bus. Complex. Felt —6A 6
Felthamhill Rd. Felt —1A 12
Fendall Rd. Eps —2K 25
Fenelon Pl. W14 —1J 5
Fenn Ho. Iswth —5C 2
Ferguson Av. Surb —2G 21
Fernbank Av. W On T —4D 18
Ferney Meade Way. Iswth —6B 2
Fern Gro. Felt —4A 6
Fernhill Gdns. King T —2E 14
Fernhurst Rd. SW6 —5H 5
Fernleigh Clo. W On T —7A 18
Fernside Av. Felt —1A 12
Ferry La. SW13 —3C 4
Ferry La. Bren —3F 3
Ferry La. Rich —3G 3
Ferrymoor. Rich —7C 8
Ferry Rd. SW13 —4D 4
Ferry Rd. Tedd —2C 14
Ferry Rd. Th Dit —3C 20
Ferry Rd. Twic —5C 8
Ferry Rd. W Mol —7F 13
Ferry Sq. Bren —4F 3
Festing Rd. SW15 —7G 5
Field Clo. Chess —2D 24
Field Clo. W Mol —2G 19
Fieldcommon La. W On T —5D 18
Field Ct. SW19 —7K 11
Field End. Twic —1A 14
Fielding Av. Twic —7H 7
Fielding Ho. W4 —3B 4 (off Devonshire Rd.)
Fielding M. SW13 —3E 4 (off Castelnau Pl.)
Field La. Bren —4D 2
Field La. Tedd —2B 14
Field Pl. N Mald —3C 22
Field Rd. W6 —2H 5
Field Rd. Felt —3A 6
Fife Rd. SW14 —2K 9
Fife Rd. King T —6F 15
Fifth Cross Rd. Twic —6J 7
Filby Rd. Chess —3G 25
Filmer Rd. SW6 —5H 5
Finborough Rd. SW10 —2K 5
Finchdean Ho. SW15 —4C 10
Finch Dri. Felt —4C 6
Findon Clo. SW18 —3K 11
Finlays Clo. Chess —2H 25
Finlay St. SW6 —5G 5
Fir Clo. W On T —4A 18
Fircroft Rd. Chess —1G 25
Firdene. Surb —5K 21
Fire Bell La. Surb —3F 21
Fir Gro. N Mald —3C 22
Fir Rd. Felt —2C 12
Fir Rd. Sutt —5J 23
Firs Av. SW14 —1K 9
Firs Clo. Clay —3A 24
First Av. SW14 —7B 4
First Av. W On T —3A 18
First Av. W Mol —1E 18
First Clo. W Mol —7H 13
First Cross Rd. Twic —6K 7
First Slip. Lea —7B 26
Firstway. SW20 —6F 17
Firth Gdns. SW6 —5H 5
Fir Tree Rd. Houn —1D 6
Fisher Clo. W On T —7A 18
Fisherman Clo. Rich —1D 14
Fisherman's Pl. W4 —3C 4
Fishers Dene. Clay —4B 24
Fisher's La. W4 —1A 4
Fitzalan Rd. Clay —4A 24
Fitzgeorge Av. W14 —1H 5
Fitzgeorge Av. N Mald —5A 16
Fitzgerald Av. SW14 —7B 4
Fitzgerald Rd. SW14 —7A 4
Fitzgerald Rd. Th Dit —3B 20
Fitzjames Av. W14 —1H 5
Fitzroy Cres. W4 —4A 4
Fitzwilliam Av. Rich —6G 3
Fitzwilliam Ho. Rich —1E 8
Fitzwygram Clo. Hamp —2H 13
Five Ways Bus. Cen. Felt —7A 6
Flanders Mans. W4 —1C 4
Flanders Rd. W4 —1B 4
Flaxley Rd. Mord —4K 23
Flaxman Ho. W4 —2B 4 (off Devonshire St.)
Fleece Rd. Surb —5D 20
Fleet Clo. W Mol —2E 18
Fleet La. W Mol —3E 18
Fleetside. W Mol —2E 18
Fleetwood Clo. Chess —4E 24
Fleetwood Rd. King T —7J 15
Fleetwood Sq. King T —7J 15
Fleming Way. Iswth —1A 8
Fleur Gates. SW19 —4G 11
Flood La. Twic —5B 8
Flora Gdns. W6 —1E 4 (off Albion Gdns.)
Floral Ct. Asht —7D 26
Florence Clo. W On T —4A 18
Florence Ct. SW19 —3H 17
Florence Gdns. W4 —3K 3
Florence Rd. SW19 —3K 17
Florence Rd. Felt —5A 6
Florence Rd. King T —4G 15
Florence Rd. W On T —4A 18
Florence Ter. SW15 —7B 10
Florian Rd. SW15 —1H 11
Floss St. SW15 —6F 5
Foley M. Clay —3A 24
Foley Rd. Clay —4A 24
Fontley Way. SW15 —4D 10
Footpath, The. SW15 —2D 10
Fordbridge Rd. Sun —1A 18
Foreman Ct. W6 —1F 5
Foreman Ct. Twic —5A 8
Forest Cres. Asht —5H 27
Forest Rd. Felt —6B 6
Forest Rd. Rich —4H 3
Forest Rd. Sutt —5K 23
Forest Side. Wor Pk —5C 22
Forest Way. Asht —6H 27
Forge Dri. Clay —4B 24
Forge La. Felt —2D 12
Forge La. Sun —7A 12
Fortescue Av. Twic —7H 7
Forty Footpath. SW14 —7K 3
Forum, The. W Mol —1G 19
Foskett Rd. SW6 —6J 5
Foster Rd. W4 —2A 4
Foster's Way. SW18 —4K 11
Fountain Roundabout. N Mald —1B 22
Fountains Av. Felt —7E 6
Fountains Clo. Felt —6E 6 (in two parts)
Four Seasons Cres. Sutt —6J 23
Four Sq. Ct. Houn —3F 7
Fourth Cross Rd. Twic —6J 7
Foxcombe Rd. SW15 —5D 10
Foxglove La. Chess —1H 25
Fox Gro. W On T —4A 18
Foxwarren. Clay —5A 24
Foxwood Clo. Felt —7A 6
Frampton Rd. Houn —2D 6
Francis Clo. Eps —7A 22
Francis Gro. SW19 —3J 17 (in two parts)
Frank Beswick Ho. SW6 —3J 5 (off Clem Attlee Ct.)
Franklin Clo. King T —7H 15
Franklin Sq. W14 —2J 5
Franklyn Rd. W On T —3A 18
Franks Av. N Mald —1K 21
Frank Soskice Ho. SW6 —3J 5 (off Clem Attlee Ct.)
Fraser Ho. Bren —2G 3
Fraser St. W4 —2B 4
Freehold Ind. Cen. Houn —2B 6
Freeman Dri. W Mol —7E 12
French St. Sun —6B 12
Frensham Dri. SW15 —7C 10
Freshmount Gdns. Eps —7J 25
Friars Av. SW15 —7C 10
Friars La. Rich —2E 8
Friars Stile Pl. Rich —3F 9
Friars Stile Rd. Rich —3F 9
Frimley Clo. SW19 —6H 11
Frimley Rd. Chess —2E 24
Friston St. SW6 —6K 5
Fritham Clo. N Mald —3B 22
Frogmore. SW18 —2K 11
Frogmore Clo. Sutt —7H 23
Frogmore Gdns. Sutt —7H 23
Fulham B'way. SW6 —4K 5
Fulham Broadway. (Junct.) —4K 5
Fulham High St. SW6 —6H 5
Fulham Pal. Rd. W6 & SW6 —2F 5
Fulham Pk. Gdns. SW6 —6J 5
Fulham Pk. Rd. SW6 —6J 5
Fulham Rd. SW6 —6H 5
Fullbrooks Av. Wor Pk —5C 22
Fullers Av. Surb —6G 21
Fullers Way N. Surb —7G 21
Fullers Way S. Chess —1F 25
Fulmar Ct. Surb —3G 21
Fulmer Clo. Hamp —2D 12
Fulmer Way. W13 —1C 2
Fulstone Clo. Houn —1E 6
Fulwell Pk. Av. Twic —6G 7
Fulwell Rd. Tedd —1J 13
Fulwood Gdns. Twic —3A 8
Fulwood Wlk. SW19 —5H 11
Furber St. W6 —1E 4
Furrows, The. W On T —6B 18

Gabriel Clo. Felt —1D 12
Gadesden Rd. Eps —3K 25 (in two parts)
Gainsborough Clo. Esh —5K 19
Gainsborough Ct. W4 —2J 3 (off Chaseley Dri.)
Gainsborough Gdns. Iswth —2J 7
Gainsborough Rd. W4 —1C 4
Gainsborough Rd. Eps —6K 25
Gainsborough Rd. N Mald —4A 22
Gainsborough Rd. Rich —6G 3
Galata Rd. SW13 —4D 4
Galba Ct. Bren —4E 2
Gale Clo. Hamp —3D 12
Galena Rd. W6 —1E 4
Galgate Clo. SW19 —5H 11
Galsworthy Rd. King T —5J 15
Galveston Rd. SW15 —2J 11
Gamlen Rd. SW15 —1G 11
Gander Grn. La. Sutt —6H 23
Gap Rd. SW19 —2K 17
Garden Clo. SW15 —4F 11
Garden Clo. Hamp —2E 12
Garden Ct. W4 —1K 3
Garden Ct. Hamp —2E 12
Garden Ct. Rich —5G 3
Gardener Gro. Felt —6E 6
Garden Rd. Rich —7H 3
Garden Rd. W On T —3A 18
Gardens, The. Esh —7F 19
Gardner Ho. Felt —6E 6
Garendon Gdns. Mord —4K 23
Garendon Rd. Mord —4K 23
Gareth Clo. Wor Pk —6G 23
Garfield Rd. Twic —5B 8
Garratt La. SW18 & SW17 —3K 11
Garrick Clo. Rich —2E 8
Garrick Clo. W On T —7A 18
Garrick Gdns. W Mol —7F 13
Garrick Ho. W4 —3B 4
Garrick Rd. Rich —6H 3
Garrison La. Chess —4E 24
Garside Clo. Hamp —3G 13
Garth Clo. W4 —2A 4
Garth Clo. King T —2G 15
Garth Clo. Mord —4G 23
Garth Ct. W4 —3A 4
Garth Rd. W4 —2A 4
Garth Rd. King T —2G 15
Garth Rd. Mord —4F 23
Garth Rd. Ind. Est. Mord —5G 23
Garthside. Ham —2F 15
Garth, The. Hamp —3G 13
Gartmoor Gdns. SW19 —5J 11
Gastein Rd. W6 —3G 5
Gaston Bell Clo. Rich —7G 3
Gate Cen., The. Bren —4B 2
Gatehouse Clo. King T —4K 15
Gatfield Gro. Felt —6F 7
Gatfield Ho. Felt —6F 7
Gatley Av. Eps —2J 25
Gatwick Rd. SW18 —4J 11
Gay St. SW15 —7G 5
Gayton Clo. Asht —7F 27
Gaywood Rd. Asht —7G 27
Geneva Rd. King T —1F 21
Genoa Av. SW15 —2F 11
George Lindgren Ho. SW6 (off Clem Attlee Ct.) —4J 5
George Rd. King T —4J 15
George Rd. N Mald —1C 22
George Sq. SW19 —7K 17
George's Sq. SW6 —3J 5 (off N. End Rd.)
George St. Rich —2E 8
George Wyver Clo. SW19 —4H 11
Georgia Rd. N Mald —1K 21
Geraldine Rd. W4 —3H 3
Gerard Av. Houn —4F 7
Gerard Rd. SW13 —5C 4
Gibbon Rd. King T —5F 15
Gibbon Wlk. SW15 —1D 10
Gibbs Grn. W14 —2J 5
Gibson Clo. Chess —2D 24
Gibson Clo. Iswth —1K 7
Gibson Ct. Hin W —7A 20
Gibson Ho. Sutt —7K 23
Giggshill Gdns. Th Dit —5B 20
Giggshill Rd. Th Dit —4B 20
Gilders Rd. Chess —4G 25
Gillette Corner. (Junct.) —4B 2
Gillian Pk. Rd. Sutt —5J 23
Gilpin Av. SW14 —1A 10
Gilpin Cres. Twic —4G 7
Gipsy La. SW15 —7E 4
Girdler's Rd. W14 —1G 5
Girdwood Rd. SW18 —4H 11
Gironde Rd. SW6 —4J 5
Glade Clo. Surb —6E 20
Gladeside Clo. Chess —4E 24
Gladioli Clo. Hamp —3F 13
Gladsmuir Clo. W On T —6B 18
Gladstone Av. Felt —3A 6
Gladstone Av. Twic —4J 7
Gladstone Pl. E Mol —2K 19
Gladstone Rd. SW19 —4K 17
Gladstone Rd. W4 —1A 4
Gladstone Rd. Asht —7E 26
Gladstone Rd. King T —7H 15
Gladstone Rd. Surb —6E 20
Gladwyn Rd. SW15 —7G 5
Glamorgan Rd. King T —4D 14
Glasbrook Av. Twic —5E 6
Glastonbury Rd. Mord —4K 23
Glazbury Rd. W14 —1H 5

A-Z Richmond & Kingston 35

Glazebrook Rd.—Hartington Rd.

Glazebrook Rd. *Tedd* —4A **14**
Glebe Clo. *W4* —2B **4**
Glebe Cotts. *Felt* —7F **7**
Glebe Gdns. *N Mald* —4B **22**
Glebelands. *Clay* —5A **24**
Glebelands. *W Mol* —2G **19**
Glebe Rd. *SW13* —6D **4**
Glebe Rd. *Asht* —7E **26**
Glebe Side. *Twic* —3A **8**
Glebe St. *W4* —2B **4**
Glebe Ter. *W4* —2B **4**
Glebe, The. *Wor Pk* —5C **22**
Glebe Way. *Felt* —7F **7**
Gledstanes Rd. *W14* —2H **5**
Glegg Pl. *SW15* —1G **11**
Glen Albyn Rd. *SW19* —6G **11**
Glenavon Clo. *Clay* —3B **24**
Glenavon Ct. *Wor Pk* —6E **22**
Glenbuck Rd. *Surb* —3E **20**
Glendale Dri. *SW19* —2J **17**
Glendarvon St. *SW15* —7G **5**
Glendower Gdns. *SW14* —7A **4**
Glendower Rd. *SW14* —7A **4**
Glenhurst Rd. *Bren* —3D **2**
Glenmill. *Hamp* —2E **12**
Glen Rd. *Chess* —1G **25**
Glentham Gdns. *SW13* —3E **4**
Glentham Rd. *SW13* —3D **4**
Glenthorne Clo. *Sutt* —5K **23**
Glenthorne Gdns. *Sutt* —5K **23**
Glenthorne M. *W6* —1E **4**
Glenthorne Rd. *W6* —1E **4**
Glenthorne Rd. *King T* —1G **21**
Glenthorpe Rd. *Mord* —2G **23**
Glenville M. *SW18* —4K **11**
Glenville Rd. *King T* —5H **15**
Glen Wlk. *Iswth* —2J **7**
Gliddon Rd. *W14* —1H **5**
Gloster Rd. *N Mald* —1B **22**
Gloucester Clo. *Th Dit* —5B **20**
Gloucester Ct. *Rich* —4H **3**
Gloucester Ho. *Rich* —2H **9**
Gloucester Rd. *Felt* —5B **6**
Gloucester Rd. *Hamp* —4G **13**
Gloucester Rd. *Houn* —1D **6**
Gloucester Rd. *King T* —6H **15**
Gloucester Rd. *Rich* —4H **3**
Gloucester Rd. *Tedd* —2K **13**
Gloucester Rd. *Twic* —5H **7**
Gloxinia Wlk. *Hamp* —3F **13**
Glyn Rd. *Wor Pk* —6G **23**
Goater's All. SW6 —4J 5 (off Dawes Rd.)
Goat Wharf. *Bren* —3F **3**
Godfrey Av. *Twic* —4J **7**
Godfrey Way. *Houn* —4E **6**
Godstone Rd. *Twic* —3C **8**
Godwin Clo. *Eps* —3K **25**
Goldcliff Clo. *Mord* —4K **23**
Golden Ct. *Rich* —2E **8**
Goldhawk Rd. *W6 & W12* —1C **4**
Golding Clo. *Chess* —3D **24**
Golf Club Dri. *King T* —4A **16**
Golf Side. *Twic* —7J **7**
Golfside Clo. *N Mald* —6B **16**
Gomer Gdns. *Tedd* —3B **14**
Gomer Pl. *Tedd* —3B **14**
Gonston Clo. *SW19* —6H **11**
Gonville St. *SW6* —7H **5**
Goodenough Rd. *SW19* —4J **17**
Goodfellow Gdns. *King T* —2K **15**
Gooding Clo. *N Mald* —1K **21**
Goodwood Clo. *Mord* —1K **23**
Gordon Av. *SW14* —1B **10**
Gordon Av. *N Mald* —6C **16**
Gordon Av. *Twic* —2B **8**
Gordondale Rd. *SW19* —6K **11**
Gordon Rd. *W4* —3J **3**
Gordon Rd. *Houn* —1H **7**
Gordon Rd. *King T* —5G **15**
Gordon Rd. *Rich* —6G **3**
Gordon Rd. *Surb* —4G **21**
Gore Rd. *SW20* —6F **17**
Gorleston St. *W14* —1H **5**
Gosbury Hill. *Chess* —1F **25**
Gosfield Rd. *Eps* —1K **27**
Gostling Rd. *Twic* —5F **7**
Gothic Rd. *Twic* —6J **7**
Gould Rd. *Twic* —5K **7**
Gowan Av. *SW6* —5H **5**
Gower Rd. *Iswth* —3A **2**
Goy Mnr. Rd. *SW19* —3G **17**
Graburn Way. *E Mol* —7J **13**
Graemesdyke Av. *SW14* —7J **3**
Grafton Clo. *Houn* —5D **6**
Grafton Clo. *Wor Pk* —7B **22**
Grafton Pk. Rd. *Wor Pk* —6B **22**
Grafton Rd. *N Mald* —7B **16**
Grafton Rd. *Wor Pk* —7A **22**
Grafton Way. *W Mol* —1E **18**
Graham Gdns. *Surb* —5F **21**
Graham Rd. *SW19* —4J **17**
Graham Rd. *Hamp* —1F **13**
Grainger Rd. *Iswth* —6A **2**
Granard Av. *SW15* —2E **10**
Grand Av. *Surb* —2J **21**
Grand Dri. *SW20* —7F **17**
Grandfield Ct. *W4* —3A **4**
Grandison Rd. *Wor Pk* —6F **23**
Grand Pde. M. *SW15* —2H **11**
Grange Av. *Twic* —6K **7**
Grange Clo. *W Mol* —1G **19**
Grange Lodge. *SW19* —3G **17**
Grange Pk. Pl. *SW20* —4E **16**
Grange Rd. *SW13* —5D **4**
Grange Rd. *W4* —2J **3**
Grange Rd. *Chess* —1F **25**
Grange Rd. *King T* —7F **15**
Grange Rd. *W Mol* —1G **19**
Grange, The. *SW19* —3G **17**
Grange, The. *W4* —2J **3**
Grange, The. *W On T* —6A **18**
Grange, The. *Wor Pk* —7A **22**
Grantchester. King T —6H 15 (off St Peters Rd.)
Grantham Rd. *W4* —4B **4**
Grant Way. *Iswth* —3B **2**
Granville Av. *Houn* —2F **7**
Granville Rd. *SW18* —4J **11**
Granville Rd. *SW19* —4K **17**
Grasmere Av. *SW15* —1A **16**
Grasmere Av. *SW19* —7K **17**
Grasmere Av. *Houn* —3G **7**
Grasmere Ct. *SW13* —3D **4**
Gratton Rd. *W14* —1H **5**
Gravel Rd. *Twic* —5K **7**
Grayham Cres. *N Mald* —1A **22**
Grayham Rd. *N Mald* —1A **22**
Gray's La. *Asht* —7G **27**
Grayswood Gdns. *SW20* —6E **16**
Gt. Chertsey Rd. *W4* —6K **3**
Gt. Chertsey Rd. *Felt* —7E **6**
Gt. Church La. *W6* —1G **5**
Greatham Wlk. *SW15* —5D **10**
Gt. West Rd. *W4 & W6* —2C **4**
Gt. West Rd. *Houn, Iswth & Bren* —4A **2**
Gt. West Rd. Trad. Est. *Bren* —3C **2**
Gt. West Trad. Est. *Bren* —3C **2**
Grebe Ter. *King T* —7F **15**
Green Clo. *Felt* —2D **12**
Green Dragon La. *Bren* —2F **3**
Green End. *Chess* —1F **25**
Greenfield Av. *Surb* —4J **21**
Green Hedge. *Twic* —3D **8**
Green La. *Asht* —6D **26**
Green La. *Chess* —5E **24**
Green La. *Felt* —2D **12**
Green La. *Houn* —1A **6**
Green La. *Mord* —4F **23**
Green La. *N Mald* —2K **21**
Green La. *W Mol* —2G **19**
Green La. *Wor Pk* —5D **22**
Greenlaw Gdns. *N Mald* —4C **22**
Greenoak Way. *SW19* —1G **17**
Greenock Rd. *W3* —1J **3**
Green Pde. *Houn* —2G **7**
Greenslade Av. *Asht* —7J **27**
Greenstead Gdns. *SW15* —2E **10**
Green St. *Sun* —7A **12**
Green, The. *SW19* —2G **17**
Green, The. *Clay* —3A **24**
Green, The. *Felt* —6A **6**
Green, The. *Mord* —1H **23**
Green, The. *N Mald* —7K **15**
Green, The. *Rich* —2E **8**
Green, The. *Sutt* —7K **23**
Green, The. *Twic* —5K **7**
Green View. *Chess* —4G **25**
Green Wlk. *Hamp* —3E **12**
Greenway. *SW20* —1F **23**
Greenways. *Esh* —1A **24**
Greenways, The. *Twic* —3B **8**
Greenway, The. *Eps* —4H **27**
Greenway, The. *Houn* —1E **6**
Greenwood Clo. *Mord* —1H **23**
Greenwood Clo. *Th Dit* —5B **20**
Greenwood La. *Hamp* —2G **13**
Greenwood Pk. *King T* —4B **16**
Greenwood Rd. *Iswth* —7A **2**
Greenwood Rd. *Th Dit* —5B **20**
Grena Gdns. *Rich* —1G **9**
Grena Rd. *Rich* —1G **9**
Grenville Clo. *Surb* —5K **21**
Grenville M. *Hamp* —2G **13**
Gresham Rd. *Hamp* —3F **13**
Gresham Way. *SW19* —7K **11**
Gressenhall Rd. *SW18* —3J **11**
Greswell St. *SW6* —5G **5**
Greville Clo. *Asht* —7F **27**
Greville Clo. *Twic* —4C **8**
Greville Ct. *Asht* —7F **27**
Greville Pk. Av. *Asht* —7F **27**
Greville Pk. Rd. *Asht* —7F **27**
Greville Rd. *Rich* —3G **9**
Greyhound Mans. W6 —3H 5 (off Greyhound Rd.)
Greyhound Rd. *W6 & W14* —3G **5**
Griffin Cen. *Felt* —2A **6**
Griffin Ct. *W4* —2C **4**
Griffin Ct. *Bren* —3F **3**
Griffiths Clo. *Wor Pk* —6E **22**
Griffiths Rd. *SW19* —4K **17**
Grimston Rd. *SW6* —6J **5**
Grimwood Rd. *Twic* —4A **8**
Grogan Clo. *Hamp* —3E **12**
Grosse Way. *SW15* —3E **10**
Grosvenor Av. *SW14* —7B **4**
Grosvenor Av. *Rich* —2F **9**
Grosvenor Gdns. *SW14* —7B **4**
Grosvenor Gdns. *King T* —3E **14**
Grosvenor Hill. *SW19* —3H **17**
Grosvenor Rd. *W4* —2J **3**
Grosvenor Rd. *Bren* —3E **2**
Grosvenor Rd. *Houn* —1E **6**
Grosvenor Rd. *Rich* —2F **9**
Grosvenor Rd. *Twic* —5B **8**
Grotto Rd. *Twic* —6A **8**
Grove Av. *Twic* —5A **8**
Grove Clo. *Felt* —1D **12**
Grove Clo. *King T* —1G **21**
Grove Cotts. *W4* —3B **4**
Grove Ct. *E Mol* —2J **19**
Grove Ct. *Houn* —1F **7**
Grove Cres. *Felt* —1D **12**
Grove Cres. *King T* —7F **15**
Grove Cres. *W On T* —4A **18**
Grove End La. *Esh* —5J **19**
Grove Footpath. *Surb* —1F **21**
Grove Gdns. *Rich* —3F **9**
Grove Gdns. *Tedd* —1B **14**
Grovelands. *W Mol* —1F **19**
Groveland Way. *N Mald* —2K **21**
Grove La. *King T* —1F **21**
Grove Pk. Bri. *W4* —4K **3**
Grove Pk. Gdns. *W4* —4J **3**
Grove Pk. M. *W4* —4K **3**
Grove Pk. Rd. *W4* —4J **3**
Grove Pk. Ter. *W4* —4J **3**
Grove Rd. *SW13* —6C **4**
Grove Rd. *Asht* —7G **27**
Grove Rd. *Bren* —2D **2**
Grove Rd. *E Mol* —1J **19**
Grove Rd. *Houn* —1F **7**
Grove Rd. *Iswth* —5A **2**
Grove Rd. *Rich* —3G **9**
Grove Rd. *Surb* —2E **20**
Grove Rd. *Twic* —7J **7**
Grove Ter. *Tedd* —1B **14**
Grove, The. *Iswth* —5A **2**
Grove, The. *Tedd* —1B **14**
Grove, The. *Twic* —3C **8**
Grove, The. *W On T* —4A **18**
Grove Way. *Esh* —4H **19**
Grovewood. *Rich* —5H **3**
Guilford Av. *Surb* —2G **21**
Guinness Trust Bldgs. W6 (off Fulham Pal. Rd.) —2G 5
Guion Rd. *SW6* —6J **5**
Gumleigh Rd. *W5* —1D **2**
Gumley Gdns. *Iswth* —7B **2**
Gunnersbury Av. *W5, W3 & W4* —1H **3**
Gunnersbury Clo. *W4* —2J **3**
Gunnersbury M. *W4* —2J **3**
Gunterstone Rd. *W14* —1H **5**
Gwalior Rd. *SW15* —7G **5**
Gwendolen Av. *SW15* —1G **11**
Gwendolen Clo. *SW15* —2G **11**
Gwendwr Rd. *W14* —2H **5**
Gwynne Clo. *W4* —3C **4**

Haarlem Rd. *W14* —1G **5**
Haddon Clo. *N Mald* —2C **22**
Hadleigh Clo. *SW20* —6J **17**
Hadley Gdns. *W4* —2A **4**
Haggard Rd. *Twic* —4C **8**
Haig Pl. *Mord* —3K **23**
Hailsham Clo. *Surb* —4E **20**
Haining Clo. *W4* —2H **3**
Haldane Rd. *SW6* —4J **5**
Haldon Rd. *SW18* —3J **11**
Halesowen Rd. *Mord* —4K **23**
Half Acre. *Bren* —3E **2**
Halford Rd. *SW6* —3K **5**
Halford Rd. *Rich* —2F **9**
Halfway Grn. *W on T* —7A **18**
Haliburton Rd. *Twic* —2B **8**
Hallam Rd. *SW13* —7E **4**
Hall Ct. *Tedd* —2A **14**
Hall Farm Dri. *Twic* —4J **7**
Halliford Rd. *Shep & Sun* —1A **18**
Hallmead Rd. *Sutt* —7K **23**
Hall Rd. *Iswth* —2J **7**
Hambledon Hill. *Eps* —5K **27**
Hambledon Rd. *SW18* —4J **11**
Hambledon Vale. *Eps* —5K **27**
Hambleton Clo. *Wor Pk* —6F **23**
Ham Clo. *Rich* —7D **8** (in two parts)
Ham Comn. *Rich* —7E **8**
Ham Farm Rd. *Rich* —1E **14**
Ham Ga. Av. *Rich* —7E **8**
Hamilton Av. *Surb* —6H **21**
Hamilton Av. *Sutt* —6H **23**
Hamilton Clo. *Eps* —1K **27**
Hamilton Ct. *SW15* —7H **5**
Hamilton Cres. *Houn* —2G **7**
Hamilton Ho. *W4* —3B **4**
Hamilton M. *SW19* —5K **17**
Hamilton Pl. *Sun* —4A **12**
Hamilton Rd. *Bren* —3E **2**
Hamilton Rd. *Twic* —5K **7**
Hamlet Ct. *W6* —1D **4**
Hamlet Gdns. *W6* —1D **4**
Hammersmith Bri. *SW13 & W6* —3E **4**
Hammersmith Bri. Rd. *W6* (in two parts) —2E **4**
Hammersmith B'way. *W6* —1F **5**
Hammersmith Broadway. (Junct.) —1F 5 (off Hammersmith B'way.)
Hammersmith Flyover. *W6* —2F **5**
Hammersmith Flyover. (Junct.) —2F **5**
Hammersmith Gro. *W6* —1F **5**
Hammersmith Ind. Est. *W6* —3F **5**
Hammersmith Rd. *W6 & W14* —1G **5**
Hammersmith Ter. *W6* —2D **4**
Hammond Clo. *Hamp* —5F **13**
Hampden Rd. *King T* —7H **15**
Hampshire Hog La. *W6* —1E **4**
Hampton Clo. *SW20* —4F **17**
Hampton Court. (Junct.) —7K **13**
Hampton Ct. Av. *E Mol* —2J **19**
Hampton Ct. Bri. *E Mol* —1K **19**
Hampton Ct. Cres. *E Mol* —7J **13**
Hampton Ct. Pde. *E Mol* —1K **19**
Hampton Ct. Rd. *E Mol & King T* —6J **13**
Hampton Ct. Rd. *Hamp* —6H **13**
Hampton Ct. Way. *Th Dit & E Mol* —6K **19**
Hampton Farm Ind. Est. *Felt* —7D **6**
Hampton La. *Felt* —1D **12**
Hampton Rd. *Hamp & Tedd* —2J **13**
Hampton Rd. *Twic* —7J **7**
Hampton Rd. *Wor Pk* —6E **22**
Hampton Rd. E. *Felt* —1E **12**
Hampton Rd. W. *Felt* —7D **6**
Ham Ridings. *Rich* —2G **15**
Ham Sq. *Rich* —6D **8**
Ham St. *Rich* —5C **8**
Ham, The. *Bren* —4D **2**
Hanah Ct. *SW19* —4G **17**
Handel Mans. *SW13* —4F **5**
Handside Clo. *Wor Pk* —5G **23**
Hanford Clo. *SW18* —5K **11**
Hanford Row. *SW19* —3F **17**
Hannell Rd. *SW6* —4H **5**
Hanover Clo. *Rich* —4H **3**
Hanover Clo. *Sutt* —7H **23**
Hanover Ct. *SW15* —1C **10**
Hanover Ter. *Iswth* —5B **2**
Hansler Gro. *E Mol* —1J **19**
Hanson Clo. *SW14* —7K **3**
Hanworth Rd. *Felt* —5A **6**
Hanworth Rd. *Hamp* —1E **12**
Hanworth Rd. *Houn* —5D **6**
Hanworth Rd. *Sun* —4A **12**
Hanworth Ter. *Houn* —1G **7**
Hanworth Trad. Est. *Felt* —7D **6**
Harbledown Rd. *SW6* —5K **5**
Harbord St. *SW6* —5G **5**
Harbridge Av. *SW15* —4C **10**
Harcourt Clo. *Iswth* —7B **2**
Harcourt Rd. *SW19* —4K **17**
Harding's Clo. *King T* —5G **15**
Hardman Rd. *King T* —6F **15**
Hardwicke Rd. *W4* —1A **4**
Hardwicke Rd. *Rich* —1D **14**
Hardwicks Way. *SW18* —2K **11**
Hardys Clo. *E Mol* —1K **19**
Harefield. *Esh* —7K **19**
Harewood Rd. *Iswth* —4A **2**
Harfield Rd. *Sun* —6C **12**
Harland Clo. *SW19* —7K **17**
Harlequin Av. *Bren* —3B **2**
Harlequin Clo. *Iswth* —2K **7**
Harlequin Rd. *Tedd* —4C **14**
Harlington Rd. E. *Felt* —4A **6**
Harlington Rd. W. *Felt* —3A **6**
Harold Wilson Ho. SW6 —3J 5 (off Clem Attlee Ct.)
Harrier Ho. King T —5F 15 (off Sigrist Sq.)
Harriott's La. *Asht* —7D **26**
Harrow Clo. *Chess* —4E **24**
Harrowdene Gdns. *Tedd* —4B **14**
Harrow Pas. *King T* —6E **14**
Hartfield Cres. *SW19* —4J **17**
Hartfield Rd. *SW19* —4J **17**
Hartfield Rd. *Chess* —2E **24**
Hartford Rd. *Eps* —3J **25**
Hartham Clo. *Iswth* —5B **2**
Hartham Rd. *Iswth* —5A **2**
Hartington Ct. *W4* —4J **3**
Hartington Rd. *W4* —4J **3**
Hartington Rd. *Twic* —4C **8**

Hartismere Rd.—Hurlingham Ct.

Hartismere Rd. SW6 —4J 5
Hartland Rd. Hamp —1G 13
Hartland Rd. Iswth —7B 2
Hartland Rd. Mord —4K 23
Hartland Way. Mord —4J 23
Hartop Point. SW6 —4H 5
(off Pellant Rd.)
Harvard Hill. W4 —3J 3
Harvard La. W4 —2K 3
Harvard Rd. W4 —2J 3
Harvest Ct. Esh —6F 19
Harvester Rd. Eps —6K 25
Harvesters Clo. Iswth —2J 7
Harvest La. Th Dit —3B 20
Harvey Ho. Bren —2F 3
Harvey Rd. Houn —4E 6
Harwood Rd. SW6 —4K 5
Haslam Av. Sutt —5H 23
Haslemere Av. W7 & W13 —1B 2
Haslemere Clo. Hamp —2E 12
Hastings Ct. Tedd —2J 13
Hastings Dri. Surb —3D 20
Hatch Pl. King T —2G 15
Hatfield Mead. Mord —2K 23
Hatfield Rd. Asht —7G 27
Hatherleigh Clo. Chess —2E 24
Hatherleigh Clo. Mord —1K 23
Hatherley Rd. Rich —6G 3
Hatherop Rd. Hamp —4E 12
Havana Rd. SW19 —6K 11
Haven Clo. SW19 —7G 11
Haven, The. Rich —7H 3
Haverfield Gdns. Rich —4H 3
Haversham Clo. Twic —3E 8
Hawkesbury Rd. SW15 —2E 10
Hawkesley Clo. Twic —1B 14
Hawkewood Rd. Sun —7A 12
Hawkfield Ct. Iswth —6A 2
Hawkhurst Gdns. Chess —1F 25
Hawkhurst Way. N Mald —2A 22
Hawkins Rd. Tedd —3C 14
Hawksmoor St. W6 —3G 5
Hawks Rd. King T —6G 15
Hawley Clo. Hamp —3E 12
Hawthorn Av. Rich —6F 3
Hawthorn Clo. Hamp —2F 13
Hawthorn Gdns. W5 —1E 2
Hawthorn Hatch. Bren —4C 2
Hawthorn Rd. Bren —4C 2
Haycroft Rd. Surb —6E 20
Haydon Pk. Rd. SW19 —2K 17
Hayes Cres. Sutt —7G 23
Haygarth Pl. SW19 —2G 17
Haygreen Clo. King T —3J 15
Haylett Gdns. King T —1E 20
Hayling Ct. Sutt —7F 23
Haymer Gdns. Wor Pk —7D 22
Haynt Wlk. SW20 —7H 17
Hayward Gdns. SW15 —3F 11
Hazel Bank. Surb —5K 21
Hazelbury Clo. SW19 —6K 17
Hazel Clo. Bren —4C 2
Hazel Clo. Twic —4H 7
Hazel La. Rich —6F 9
Hazelwood Ct. Surb —3F 21
Hazledene Rd. W4 —3K 3
Hazlemere Gdns. Wor Pk —5D 22
Hazlewell Rd. SW15 —2F 11
Hazlitt Clo. Felt —1D 12
Hazlitt M. W14 —1H 5
Hazlitt Rd. W14 —1H 5
Hazon Way. Eps —1K 27
Headley Clo. Eps —3H 25
Headley Rd. Eps —7J 27
Headway Clo. Rich —1D 14
Hearne Rd. W4 —3H 3
Heatham Pk. Twic —4A 8
Heath Bus. Cen. Houn —1H 7
Heathcote Rd. Twic —3C 8
Heath Ct. Houn —1E 6
Heathdale Av. Houn —1D 6
Heath Dri. SW20 —1F 23
Heather Clo. Hamp —5E 12
Heather Clo. Iswth —2J 7
Heatherdale Clo. King T —4H 15
Heather Wlk. Twic —4F 7
(off Stephenson Rd.)
Heathfield Ct. W4 —2A 4
Heathfield Gdns. W4 —2K 3
Heathfield N. Twic —4K 7
Heathfield Rd. Chess —4G 25
Heathfields Ct. Houn —2D 6
Heathfield S. Twic —4A 8
Heathfield Ter. W4 —2K 3
Heath Gdns. Twic —5A 8
Heathlands Clo. Twic —6A 8
Heathlands Way. Houn —2D 6
Heathmans Rd. SW6 —5J 5
Heath Mead. SW19 —7G 11
Heath Rise. SW15 —3G 11
Heath Rd. Houn —1G 7
Heath Rd. Twic —5A 8
Heathrow Causeway Cen. Houn —1A 6
Heathrow International Trad. Est. Houn —1A 6
Heathside. Esh —7K 19
Heathside. Houn —4E 6
Heathside Clo. Esh —7K 19
Heathview Gdns. SW15 —4F 11
Heber Mans. W14 —3H 5
(off Queen's Club Gdns.)
Hebron Rd. W6 —1F 5
Heckfield Pl. SW6 —4K 5
Heddon Clo. Iswth —1B 8
Hedley Rd. Twic —4F 7
Heidegger Cres. SW13 —4E 4
Heights Clo. SW20 —4E 16
Heldmann Clo. Houn —1J 7
Helen Av. Felt —4A 6
Helen Clo. W Mol —1G 19
Helme Clo. SW19 —2J 17
Hemingford Rd. Sutt —7G 23
Hemming Clo. Hamp —5F 13
Hemsby Rd. Chess —3G 25
Henfield Rd. SW19 —5J 17
Henley Av. Sutt —7H 23
Henley Clo. Iswth —5A 2
Henley Dri. King T —4C 16
Henley Way. Felt —2C 12
Henlow Pl. Rich —6E 8
Henrietta Ho. W6 —2F 5
(off Queen Caroline St.)
Henry Jackson Rd. SW15 —7G 5
Henty Wlk. SW15 —2E 10
Hepple Clo. Iswth —6C 2
Hepplestone Clo. SW15 —3E 10
Herbert Gdns. W4 —3J 3
Herbert Morrison Ho. SW6
(off Clem Attlee Ct.) —3J 5
Herbert Rd. SW19 —4J 17
(in two parts)
Herbert Rd. King T —7G 15
Hereford Gdns. Twic —5H 7
Hereford Rd. W5 —1D 2
Hereford Rd. Felt —5B 6
Hereford Way. Chess —2D 24
Hermitage Clo. Clay —3B 24
Hermitage, The. SW13 —5C 4
Hermitage, The. King T —1E 20
Hermitage, The. Rich —2F 9
Herne Rd. Surb —6E 20
Heron Pk. Pde. SW19 —5J 17
Heron Rd. Twic —1B 8
Heron's Pl. Iswth —7C 2
Heron Sq. Rich —2E 8
Hersham Clo. SW15 —4D 10
Hersham Gdns. W On T —7B 18
Hersham Rd. W On T —5A 18
Hersham Trad. Est. W on T —6D 18
Hertford Av. SW14 —2A 10
Hestercombe Av. SW6 —6H 5
Hester Ter. Rich —7H 3
Hexham Gdns. Iswth —4B 2
Hexham Rd. Mord —5K 23
Heyford Av. SW20 —7J 17
Heythorp St. SW18 —5J 11
Hibernia Gdns. Houn —1F 7
Hibernia Rd. Houn —1F 7
Hickey's Almshouses. Rich —1G 9
Hidcote Gdns. SW20 —7E 16
Highbury Clo. N Mald —1K 21
Highbury Rd. SW19 —2H 17
High Cedar Dri. SW20 —4F 17
Highclere Rd. N Mald —7A 16
Highcliffe Dri. SW15 —3C 10
High Coombe Pl. King T —4A 16
Highcross Way. SW15 —5D 10
Highdown. Wor Pk —6B 22
Highdown Rd. SW15 —3E 10
High Dri. N Mald —5K 15
Highfield. Felt —5A 6
Highfield Clo. Surb —5D 20
Highfield Rd. Felt —6A 6
Highfield Rd. Iswth —5A 2
Highfield Rd. Surb —4K 21
Highfield Rd. W On T —5A 18
Highfields. Asht —7E 26
Highfields. Sutt —6K 23
High Foleys. Clay —4C 24
Highlands Heath. SW15 —4F 11
High Pk. Av. Rich —5H 3
High Pk. Rd. Rich —5H 3
High St. Brentford, Bren —4D 2
High St. Claygate, Clay —3A 24
High St. East Molesey, E Mol —1F 19
High St. Epsom, Eps —2K 27
High St. Esher, Esh —7H 19
High St. Feltham, Felt —6A 6
High St. Hampton, Hamp —5H 13
High St. Hampton Wick, Hamp W —5D 14
High St. Hampton Hill, Hamp H —3H 13
High St. Hounslow, Houn —1G 7
High St. Kingston upon Thames, King T —7E 14
High St. M. SW19 —2H 17
High St. New Malden, N Mald —1B 22
High St. Teddington, Tedd —2A 14
High St. Thames Ditton, Th Dit —3B 20
High St. Whitton, Whit —4H 7
High St. Wimbledon, SW19 —2G 17
Hilary Clo. SW6 —4K 5
Hilbert Rd. Sutt —7G 23
Hilda Ct. Surb —4E 20
Hilders, The. Asht —6J 27
Hildyard Rd. SW6 —3K 5
Hillary Cres. W On T —5B 18
Hillbrow. N Mald —7C 16
Hillbrow Rd. Esh —7H 19
Hill Cres. Surb —2G 21
Hill Cres. Wor Pk —6F 23
Hillcrest Gdns. Esh —7A 20
Hillcross Av. Mord —3G 23
Hillersdon Av. SW13 —6D 4
Hill Field Rd. Hamp —4E 12
Hill Gro. Felt —6E 6
Hillier Lodge. Tedd —2J 13
Hillier Pl. Chess —3D 24
Hillmont Rd. Esh —7K 19
Hill Rise. Esh —6C 20
Hill Rise. Rich —2E 8
Hillside. SW19 —3G 17
Hillside Clo. Mord —1H 23
Hillside Rd. Asht —6G 27
Hillside Rd. Surb —1H 21
Hill St. Rich —2E 8
Hill Top. Mord —3K 23
Hill Top. Sutt —4J 23
Hillview. SW20 —4E 16
Hill View Rd. Clay —4B 24
Hill View Rd. Twic —3B 8
Hinchley Clo. Esh —1A 24
Hinchley Dri. Esh —7A 20
Hinchley Way. Esh —7B 20
Hinton Av. Houn —1C 6
Hobart Pl. Rich —4G 9
Hobart Rd. Wor Pk —7E 22
Hobbes Wlk. SW15 —2E 10
Hobill Wlk. Surb —3G 21
Hogarth Bus. Pk. W4 —3B 4
Hogarth La. W4 —3B 4
Hogarth Pl. SW5 —1K 5
(off Hogarth Rd.)
Hogarth Rd. SW5 —1K 5
Hogarth Roundabout. (Junct.) —3B 4
Hogarth Ter. W4 —3B 4
Hogarth Way. Hamp —5H 13
Hogsmill Way. Eps —2K 25
Holbrooke Pl. Rich —2E 8
Holcombe St. W6 —1E 4
Holdernesse Clo. Iswth —5B 2
Holland Av. SW20 —5C 16
Holland Rd. W14 —1J 5
Hollands, The. Felt —1C 12
Hollands, The. Wor Pk —5C 22
Holles Clo. Hamp —3F 13
Hollies Clo. Twic —6A 8
Hollies Rd. W5 —1D 2
Hollingsworth Ct. Surb —4E 20
Hollington Cres. N Mald —3C 22
Hollows, The. Bren —3G 3
Holly Av. W On T —5C 18
Hollybank Clo. Hamp —2F 13
Holly Bush La. Hamp —4E 12
Hollybush Rd. King T —2F 15
Holly Clo. Felt —2D 12
Hollyfield Rd. Surb —4G 21
Hollygrove Clo. Houn —1E 6
Holly Ho. Iswth —3D 2
Hollymoor La. Eps —6K 25
Holly Rd. W4 —1A 4
Holly Rd. Hamp —3H 13
Holly Rd. Houn —1G 7
Holly Rd. Twic —5A 8
Holly Tree Clo. SW19 —5G 11
Holman Hunt Ho. W6 —2H 5
(off Field Rd.)
Holman Rd. Eps —2K 25
Holmbush Rd. SW15 —3H 11
Holmesdale Av. SW14 —7J 3
Holmesdale Rd. Rich —5G 3
Holmesdale Rd. Tedd —3D 14
Holmes Rd. Twic —6A 8
Holmoak Clo. SW15 —3J 11
Holmsley Clo. N Mald —3C 22
Holmsley Ho. SW15 —4C 10
(off Tangley Gro.)
Holmwood Rd. Chess —2E 24
Holne Chase. Mord —3J 23
Holroyd Clo. Clay —5A 24
Holroyd Rd. SW15 —1F 11
Holroyd Rd. Clay —5A 24
Holst Mans. SW13 —4F 5
Holsworthy Way. Chess —2D 24
Holt, The. Mord —1K 23
Holwood Clo. W On T —6B 18
Holybourne Av. SW15 —4D 10
Holyport Rd. SW6 —4G 5
Home Ct. Felt —5A 6
Home Farm Clo. Th Dit —4A 20
Home Farm Gdns. W On T —6B 18
Homefield. Mord —1K 23
Homefield Rd. SW19 —3H 17
Homefield Rd. W4 —1C 4
Homefield Rd. W On T —4D 18
Home Pk. Rd. SW19 —1J 17
Home Pk. Wlk. King T —1E 20
Homersham Rd. King T —6H 15
Homestead Rd. SW6 —4J 5
Homewood Clo. Hamp —3E 12
Honeywood Rd. Iswth —1B 8
Hood Av. SW14 —2K 9
Hood Rd. SW20 —4C 16
Hookfield. Eps —2K 27
Hookfield M. Eps —2K 27
Hook Junction. (Junct.) —7F 21
Hook Rise Bus. Cen. Chess —7H 21
Hook Rise N. Surb —7F 21
Hook Rise S. Surb —7F 21
Hook Rise S. Ind. Pk. Surb —7G 21
Hook Rd. Chess & Surb —2E 24
Hook Rd. Eps —4K 25
Hoppingwood Av. N Mald —7B 16
Hopton Gdns. N Mald —3D 22
Horace Rd. King T —7G 15
Horatio Pl. SW19 —5K 17
Horder Rd. SW6 —5H 5
Hornbeam Cres. Bren —4C 2
Hornbeam Wlk. Rich —1G 15
Hornchurch Clo. King T —1E 14
Horndean Clo. SW15 —5D 10
Horne Way. SW15 —6F 5
Horse Fair. King T —6E 14
Horsley Clo. Eps —2K 27
Horsley Dri. King T —2E 14
Horticultural Pl. W4 —2A 4
Horton Footpath. Eps —7K 25
Horton Gdns. Eps —7K 25
Horton Hill. Eps —7K 25
Horton Ho. W6 —2H 5
(off Field Rd.)
Horton La. Eps —7H 25
Hospital Bri. Rd. Twic —4G 7
Hospital Bridge Roundabout. (Junct.) —6G 7
Hospital Rd. Houn —1F 7
Hotham Clo. W Mol —7F 13
Hotham Rd. SW15 —7F 5
Houblon Rd. Rich —2F 9
Houghton Clo. Hamp —3D 12
Hounslow Av. Houn —2G 7
Hounslow Bus. Pk. Houn —1F 7
Hounslow Gdns. Houn —2G 7
Hounslow Rd. Felt —5A 6
Hounslow Rd. Hanw —1C 12
Hounslow Rd. Twic —3G 7
Houston Pl. Esh —5J 19
Howard Clo. Asht —7G 27
Howard Clo. Hamp —4H 13
Howard Rd. Iswth —7A 2
Howard Rd. N Mald —7B 16
Howard Rd. Surb —3G 21
Howard's La. SW15 —1E 10
Howard St. Th Dit —4C 20
Howden Ho. Houn —4D 6
Howgate Rd. SW14 —7A 4
Howsman Rd. SW13 —3D 4
Howson Ter. Rich —3F 9
Hubbard Dri. Chess —3D 24
Hugh Dalton Ho. SW6 —3J 5
(off Clem Attlee Ct.)
Hughenden Rd. Wor Pk —4D 22
Hugh Gaitskell Ho. SW6 —3J 5
(off Clem Attlee Ct.)
Hugon Rd. SW6 —7K 5
Humbolt Rd. W6 —3H 5
Hunston Rd. Mord —5K 23
Hunter Ho. King T —5F 15
(off Sigrist Sq.)
Hunter Rd. SW20 —5F 17
Hunters Clo. Eps —2K 27
Hunters Ct. Rich —2E 8
Hunter's Rd. Chess —7F 21
Huntingdon Gdns. W4 —4K 3
Huntingdon Gdns. Wor Pk —7F 23
Huntingfield Rd. SW15 —1D 10
Hunting Ga. Dri. Chess —4F 25
Hunting Ga. M. Twic —5K 7
Huntley Way. SW20 —6D 16
Huntsmans Clo. Felt —1A 12
Huntsmoor Rd. Eps —2K 25
Hurley Clo. W On T —6A 18
Hurlingham Bus. Pk. SW6 —7K 5
Hurlingham Ct. SW6 —7J 5

A-Z Richmond & Kingston 37

Hurlingham Gdns.—Langdale Clo.

Hurlingham Gdns. SW6 —7J 5
Hurlingham Rd. SW6 —6J 5
Hurlingham Sq. SW6 —7K 5
Hurstbourne. Clay —3A 24
Hurstbourne Ho. SW15 (off Tangley Gro.) —3C 10
Hurst Clo. Chess —2H 25
Hurstcourt Rd. Sutt —6K 23
Hurstfield Rd. W Mol —7F 13
Hurst La. E Mol —1H 19
Hurst Rd. E Mol —7F 13
Hurst Rd. Eps —7K 25
Hurst Rd. W On T & W Mol —2B 18
Hurtwood Rd. W On T —4E 18
Hussars Clo. Houn —1D 6
Hyacinth Clo. Hamp —3F 13
Hyacinth Rd. SW15 —5D 10
Hyde Rd. Rich —2G 9
Hyde Wlk. Mord —4K 23
Hylands Clo. Eps —4K 27
Hylands M. Eps —4K 27
Hylands Rd. Eps —4K 27

Ibis La. W4 —5K 3
Ibsley Gdns. SW15 —5D 10
Idmiston Rd. Wor Pk —4C 22
Idmiston Sq. Wor Pk —4C 22
Iffley Rd. W6 —1E 4
Ilex Clo. Sun —6B 12
Imber Clo. Esh —5J 19
Imber Ct. Trad. Est. E Mol —3J 19
Imber Cross. Th Dit —3A 20
Imber Gro. Esh —4J 19
Imber Pk. Rd. Esh —5J 19
Inglethorpe St. SW6 —5G 5
Ingress St. W4 —2B 4
Inkerman Ter. W8 —1K 5 (off Allen St.)
Inner Pk. Rd. SW19 —5G 11
Inner Staithe. W4 —5K 3
Innes Clo. SW20 —6H 17
Innes Gdns. SW15 —3E 10
Interface Ho. Houn —1F 7 (off Staines Rd.)
Inveresk Gdns. Wor Pk —7C 22
Inverness Rd. Houn —1E 6
Inverness Rd. Wor Pk —5G 23
Inwood Av. Houn —1H 7
Inwood Bus. Cen. Houn —1G 7
Inwood Ct. W on T —6B 18
Inwood Rd. Houn —1G 7
Irene Rd. SW6 —5K 5
Iris Clo. Surb —4G 21
Iris Rd. W Ewe —2J 25
Irving Mans. W14 —3H 5 (off Queen's Club Gdns.)
Isabella Ct. Rich —3G 9
Isis Clo. SW15 —1F 11
Isis Ct. W4 —4J 3
Island Farm Av. W Mol —2E 18
Island Farm Rd. W Mol —2E 18
Island, The. Th Dit —3B 20
Islay Gdns. Houn —2C 6
Isleworth Bus. Complex. Iswth —6A 2
Isleworth Promenade. Twic —1C 8
Ivatt Pl. W14 —2J 5
Ivybridge Clo. Twic —4B 8
Ivy Clo. Sun —6B 12
Ivy Cres. W4 —1K 3
Ivydene. W Mol —2E 18
Ivy La. Houn —1E 6
Ivy Rd. Houn —1G 7
Ivy Rd. Surb —5H 21

Jacaranda Clo. N Mald —7B 16
James's Cotts. Rich —4H 3
James St. Houn —1J 7
Jamieson Ho. Houn —3E 6
Jasmine Ct. SW19 —2K 17
Jasmine Way. E Mol —1K 19
Jasmin Rd. Eps —2J 25
Jeffs Clo. Hamp —3G 13
Jemmett Clo. King T —5J 15
Jenner Pl. SW13 —3E 4
Jephtha Rd. SW18 —3K 11
Jerdan Pl. SW6 —4K 5
Jersey Rd. Houn & Iswth —3A 2
Jillian Clo. Hamp —4F 13
Jim Griffiths Ho. SW6 —3J 5 (off Clem Attlee Ct.)
Jocelyn Rd. Rich —7F 3
Jodrell Clo. Iswth —5B 2
John Knight Lodge. SW6 (off Vanston Pl.) —4K 5
John Smith Av. SW6 —4J 5
Johnson Mans. W14 —3H 5 (off Queen's Club Gdns.)
Johnsons Dri. Hamp —5H 13
John Strachey Ho. SW6 —3J 5 (off Clem Attlee Ct.)
John Wesley Ct. Twic —5B 8
John Wheatley Ho. SW6 (off Clem Attlee Ct.) —3J 5
Jones M. SW15 —1H 11
Jones Wlk. Rich —3G 9
Jonquil Gdns. Hamp —3F 13
Jordans Clo. Iswth —5A 2
Jordans M. Twic —6K 7
Joseph Locke Way. Esh —6F 19
Jubilee Av. Twic —5H 7
Jubilee Clo. King T —5D 14
Jubilee Ct. Houn —1H 7 (off Bristow Rd.)
Jubilee Vs. Esh —5K 19
Jubilee Way. Chess —1H 25
Julien Rd. W5 —1D 2
Junction Rd. W5 & Bren —1D 2
Juniper Clo. Chess —3G 25
Justin Clo. Bren —4E 2

Katherine Rd. Twic —4B 8
Kathleen Godfree Ct. SW19 —2K 17
Keble Clo. Wor Pk —5C 22
Kedeston Ct. Sutt —5K 23
Keepers M. Tedd —3D 14
Keep, The. King T —3G 15
Keevil Dri. SW19 —4G 11
Keir, The. SW19 —2F 17
Kelvedon Clo. King T —3H 15
Kelvedon Rd. SW6 —4J 5
Kelvinbrook. W Mol —7G 13
Kelvin Clo. Eps —3H 25
Kelvin Ct. Iswth —6A 2
Kelvin Dri. Twic —3C 8
Kelvin Gro. Chess —7E 20
Kempsford Gdns. SW5 —2K 5
Kempson Rd. SW6 —5K 5
Kempton Av. Sun —5A 12
Kempton Ct. Sun —5A 12
Kempton Rd. Hamp —6E 12
Kendall Rd. Iswth —6B 2
Kendal Pl. SW15 —2J 11
Kendor Av. Eps —7K 25
Kendrey Gdns. Twic —4K 7
Kenilworth Av. SW19 —2K 17
Kenilworth Dri. W On T —7C 18
Kenley Rd. SW19 —6K 17
Kenley Rd. King T —6J 15
Kenley Rd. Twic —3C 8
Kenmore Clo. Rich —4H 3
Kenneth Younger Ho. SW6 (off Clem Attlee Ct.) —3J 5
Kennet Rd. Iswth —7A 2
Kennett Ct. W4 —4J 3
Kensington Cen. W14 —1H 5 (in two parts)
Kensington Gdns. King T —7E 14
Kensington Hall Gdns. W14 —2J 5
Kensington High St. W14 & W8 —1J 5
Kensington Mans. SW5 —2K 5 (off Trebovir Rd.)
Kensington W. W14 —1H 5
Kent Dri. Tedd —2K 13
Kent Ho. W4 —2B 4 (off Devonshire St.)
Kenton Av. Sun —6C 12
Kenton Ct. W14 —1J 5
Kenton Ct. Twic —3E 8
Kent Rd. W4 —1K 3
Kent Rd. E Mol —1H 19
Kent Rd. King T —7E 14
Kent Rd. Rich —4H 3
Kent's Pas. Hamp —5E 12
Kent Way. Surb —7F 21
Kentwode Grn. SW13 —4D 4
Kenway Rd. SW5 —1K 5
Kenwyn Rd. SW20 —5F 17
Kenyngton Ct. Sun —2A 12
Kenyngton Dri. Sun —2A 12
Kenyon Mans. W14 —3H 5 (off Queen's Club Gdns.)
Kenyon St. SW6 —5G 5
Kersfield Rd. SW15 —3G 11
Kestrel Clo. King T —1E 14
Kestrel Ho. King T —5F 15 (off Sigrist Sq.)
Keswick Av. SW15 —2B 16
Keswick Av. SW19 —6K 17
Keswick Rd. SW15 —2H 11
Keswick Rd. Twic —3H 7
Kew Bri. Bren & Kew —3G 3
Kew Bridge. (Junct.) —2G 3
Kew Bri. Arches. Rich & W4 —3H 3
Kew Bri. Ct. W4 —2H 3
Kew Bri. Distribution Cen. Bren —2G 3
Kew Bri. Rd. Bren —3G 3
Kew Cres. Sutt —7H 23
Kew Foot Rd. Rich —1F 9
Kew Gdns. Rd. Rich —4G 3
Kew Grn. Rich —3G 3
Kew Green. (Junct.) —4H 3
Kew Meadow Path. Rich —5J 3
Kew Rd. Rich —3H 3
Keynsham Rd. Mord —5K 23
Killick Ho. Sutt —7K 23
Kilmaine Rd. SW6 —4H 5
Kilmarsh Rd. W6 —1F 5
Kilmington Rd. SW13 —3D 4
Kilmorey Gdns. Twic —2C 8
Kilmorey Rd. Twic —1C 8
Kilnside. Clay —4B 24
Kilsha Rd. W On T —3B 18
Kimbell Gdns. SW6 —5H 5
Kimberley Wlk. W On T —4A 18
Kimber Rd. SW18 —4K 11
Kimpton Ind. Est. Sutt —6J 23
Kimpton Rd. Sutt —6J 23
King Charles Cres. Surb —4G 21
King Charles Rd. Surb —2G 21
King Charles Wlk. SW19 —5H 11
King Edward Dri. Chess —7F 21
King Edward Mans. SW6 (off Fulham Rd.) —4K 5
King Edward M. SW13 —5D 4
King Edwards Gro. Tedd —3C 14
Kingfisher Ct. SW19 —6G 11
Kingfisher Ct. Houn —2G 7
Kingfisher Dri. Rich —1C 14
King George Av. W On T —5C 18
King George Sq. Rich —3G 9
King George's Trad. Est. Chess —1H 25
King Henry's Rd. King T —7J 15
King's Arms All. Bren —3E 2
Kings Av. N Mald —1B 22
Kingsbridge Rd. Mord —4G 23
Kingsbridge Rd. W On T —4A 18
Kingsbrook. Lea —7B 26
Kings Chase. E Mol —7H 13
Kingsclere Clo. SW15 —4D 10
Kingscliffe Gdns. SW19 —5J 11
Kings Clo. Th Dit —3B 20
Kings Clo. W On T —5A 18
Kingscote Rd. W4 —1A 4
Kingscote Rd. N Mald —7A 16
Kings Ct. W6 —1D 4
Kingsdowne Rd. Surb —4F 21
King's Dri. Surb —4H 21
Kings Dri. Tedd —2J 13
Kings Dri. Th Dit —3C 20
Kings Farm Av. Rich —1H 9
Kingsgate Rd. King T —5F 15
Kingshill Av. Wor Pk —4D 22
Kings Keep. King T —1F 21
Kingslawn Clo. SW15 —2E 10
Kingsley Ct. Wor Pk —6C 22 (off Avenue, The)
Kingsley Dri. Wor Pk —6C 22
Kings Mall. W6 —1F 5
Kings Mead. Rich —3G 9
Kingsmead Av. Sun —6B 12
Kingsmead Av. Surb —6H 21
Kingsmead Av. Wor Pk —6E 22
Kingsmead Clo. Tedd —3C 14
Kingsmeadow. King T —7J 15
Kings Mead Pk. Clay —4A 24
Kingsmere Clo. SW15 —7G 5
Kingsmere Rd. SW19 —6G 11
Kingsnympton Pk. King T —3J 15
King's Paddock. Hamp —5H 13
Kings Pas. King T —6E 14
King's Pl. W4 —2K 3
Kings Ride Ga. Rich —1H 9
Kingsridge. SW19 —6H 11
Kings Rd. SW14 —7A 4
Kings Rd. SW19 —3K 17
Kings Rd. Felt —5B 6
King's Rd. King T —5F 15
Kings Rd. Rich —3G 9
King's Rd. Surb —5D 20
King's Rd. Tedd —2J 13
Kings Rd. Twic —3C 8
Kings Rd. W On T —6A 18
King's Ter. Iswth —1B 8
Kingston Av. Sutt —7H 23
Kingston Bri. King T —6E 14
Kingston Bus. Cen. Chess —7F 21
Kingston By-Pass. SW15 & SW20 —2B 16
Kingston By-Pass. Surb & N Mald —7E 20
Kingston By-Pass Rd. Esh & Surb —6K 19
Kingston Clo. Tedd —3C 14
Kingston Hall Rd. King T —7E 14
Kingston Hill. King T —5H 15
Kingston Hill Pl. King T —1A 16
Kingston Ho. Est. Surb —3D 20
Kingston La. Tedd —2B 14
Kingston Rd. SW15 & SW19 —6D 10
Kingston Rd. SW20 & SW19 —6F 17
Kingston Rd. King T & N Mald —7J 15
Kingston Rd. Surb & Eps —6J 21
Kingston Rd. Tedd —2C 14
Kingston Vale. SW15 —1A 16
King St. W6 —1D 4
King St. Rich —2E 8
King St. Twic —5B 8
King St. Pde. Twic —5B 8 (off King St.)
King's Wlk. King T —5E 14
Kingsway. SW14 —7J 3
Kingsway. N Mald —2F 23
Kingsway Bus. Pk. Hamp —5E 12
Kingswood Av. Hamp —3G 13
Kingswood Clo. N Mald —3C 22
Kingswood Clo. Surb —4F 21
Kingswood Rd. SW19 —4J 17
Kingsworthy Clo. King T —7G 15
Kingwood Rd. SW6 —5H 5
Kinnaird Av. W4 —4K 3
Kinnoul Rd. W6 —3H 5
Kinross Av. Wor Pk —6D 22
Kirby Way. W On T —3B 18
Kirkleas Rd. Surb —5F 21
Kirkley Rd. SW19 —5K 17
Kirksted Rd. Mord —5K 23
Kirrane Clo. N Mald —2C 22
Kirton Clo. W4 —1A 4
Kitson Rd. SW13 —5D 4
Knaresborough Pl. SW5 —1K 5
Kneller Gdns. Iswth —3J 7
Kneller Rd. N Mald —4B 22
Kneller Rd. Twic —3H 7
Knights Ct. King T —7F 15
Knight's Pk. King T —7F 15
Knightwood Cres. N Mald —3B 22
Knivet Rd. SW6 —3K 5
Knollmead. Surb —5K 21
Knolls Clo. Wor Pk —7E 22
Knowle Rd. Twic —5K 7
Kramer M. SW5 —2K 5
Kreisel Wlk. Rich —3G 3

Laburnum Cres. Sun —5A 12
Laburnum Gro. Houn —1E 6
Laburnum Gro. N Mald —6A 16
Lacey Dri. Hamp —5E 12
Lacy Rd. SW15 —1G 11
Ladderstile Ride. King T —2J 15
Lady Booth Rd. King T —6F 15
Lady Hay. Wor Pk —6C 22
Ladywood Rd. Surb —6H 21
Lafone Av. Felt —6B 6
Lainson St. SW18 —4K 11
Lake Clo. SW19 —2J 17
Lake Gdns. Rich —6C 8
Lake Rd. SW19 —2J 17
Laker Pl. SW15 —3J 11
Lalor St. SW6 —6H 5
Lambert Av. Rich —7H 3
Lambert Lodge. Bren —2E 2 (off Layton Rd.)
Lamberts Rd. Surb —2F 21
Lambourne Av. SW19 —1J 17
Lambourn Gro. King T —6J 15
Lamb Pas. Bren —3G 3
Lambrook Ter. SW6 —5H 5
Lambton Rd. SW20 —5F 17
Lamington St. W6 —1E 4
Lammas Rd. Rich —1D 14
Lampeter Sq. W6 —3H 5
Lampton Ho. Clo. SW19 —1G 17
Lampton Rd. Houn —1G 7
Lancaster Av. SW19 —2G 17
Lancaster Clo. King T —2E 14
Lancaster Cotts. Rich —3F 9
Lancaster Ct. SW6 —4J 5
Lancaster Ct. W on T —4A 18
Lancaster Gdns. SW19 —2H 17
Lancaster Gdns. King T —2E 14
Lancaster M. Rich —3F 9
Lancaster Pk. Rich —2F 9
Lancaster Pl. SW19 —2G 17
Lancaster Pl. Twic —3B 8
Lancaster Rd. SW19 —2G 17
Landford Rd. SW15 —7F 5
Landgrove Rd. SW19 —2K 17
Landridge Rd. SW6 —6J 5
Landsdowne Clo. Surb —6J 21
Landseer Rd. N Mald —4A 22
Lane End. SW15 —3G 11
Lane End. Eps —3J 27
Laneway. SW15 —2E 10
Lanfrey Pl. W14 —2J 5
Langbourne Way. Clay —3B 24
Langdale Clo. SW14 —1J 9

38 A-Z Richmond & Kingston

Langdon Pl.—Mandeville Dri.

Langdon Pl. SW14 —7K 3
Langham Gdns. Rich —1D 14
Langham Ho. Clo. Rich —1E 14
Langham Mans. SW5 —2K 5 (off Earl's Ct. Sq.)
Langham Pl. W4 —3B 4
Langham Rd. SW20 —5F 17
Langham Rd. Tedd —2C 14
Langlands Rise. Eps —2K 27
Langley Av. Surb —5E 20
Langley Av. Wor Pk —6G 23
Langley Gro. N Mald —6B 16
Langley Rd. SW19 —5J 17
Langley Rd. Iswth —6A 2
Langley Rd. Surb —4F 21
Langport Ct. W on T —5B 18
Langridge M. Hamp —3E 12
Langside Av. SW15 —1D 10
Langthorne St. SW6 —4G 5
Langton Pl. SW18 —5K 11
Langton Rd. W Mol —1H 19
Langwood Chase. Tedd —3D 14
Lanigan Dri. Houn —2G 7
Lannoy Point. SW6 —4H 5 (off Pellant Rd.)
Lansbury Av. Felt —3A 6
Lansdown Clo. W On T —5B 18
Lansdowne Clo. SW20 —4G 17
Lansdowne Clo. Twic —5A 8
Lansdowne Ct. Wor Pk —6D 22
Lansdowne Rd. SW20 —4F 17
Lansdowne Rd. Eps —4K 25
Lantern Clo. SW15 —1D 10
Lapwing Ct. Surb —7H 21
Lara Clo. Chess —4F 25
Larch Cres. Eps —3J 25
Larch Dri. W4 —2H 3
Larches Av. SW14 —1A 10
Largewood Av. Surb —6H 21
Larkfield Rd. Rich —1F 9
Larkspur Way. Eps —2K 25
Larnach Rd. W6 —3G 5
Larpent Av. SW15 —2F 11
Latchmere Clo. Rich —2F 15
Latchmere La. King T —3G 15
Latchmere Rd. King T —4F 15
Lateward Rd. Bren —3E 2
Latham Clo. Twic —4B 8
Latham Ct. SW5 —1K 5 (off W. Cromwell Rd.)
Latham Rd. Twic —4A 8
Latimer Clo. Wor Pk —7E 22
Latimer Rd. Tedd —2A 14
Lattimer Pl. W4 —3B 4
Latton Clo. Esh —7G 19
Latton Clo. W On T —4D 18
Latymer Ct. W6 —1G 5
Lauderdale Dri. Rich —7E 8
Laundry Rd. W6 —3H 5
Laurel Av. Twic —5A 8
Laurel Bank Gdns. SW6 —6J 5
Laurel Gdns. Houn —1D 6
Laurel Rd. SW13 —6D 4
Laurel Rd. SW20 —5E 16
Laurel Rd. Hamp —2J 13
Lauriston Rd. SW19 —3G 17
Lavender Av. Wor Pk —7F 23
Lavender Ct. Felt —3A 6
Lavender Ct. W Mol —7G 13
Lavender Rd. Eps —2J 25
Lavenham Rd. SW18 —6J 11
Laverstoke Gdns. SW15 —4C 10
Lawford Rd. W4 —4K 3
Lawn Clo. N Mald —6B 16
Lawn Cres. Rich —6H 3
Lawns, The. SW19 —2J 17
Lawrence Av. N Mald —3A 22
Lawrence Est. Houn —1B 6
Lawrence Rd. W5 —1D 2
Lawrence Rd. Hamp —4E 12
Lawrence Rd. Houn —1B 6
Lawrence Rd. Rich —1D 14
Lawrence Weaver Clo. Mord —3K 23
Lawson Clo. SW19 —7G 11
Lawson Ct. Surb —4E 20
Layton Ct. Bren —2E 2
Layton Rd. Bren —2E 2
Layton Rd. Houn —1G 7
Leaf Clo. Th Dit —2K 19
Leafield Rd. SW20 —7J 17
Leafield Rd. Sutt —6K 23
Leamington Av. Mord —1H 23
Leamington Clo. Houn —2H 7
Leamore St. W6 —1F 5
Leander Ct. Surb —4E 20
Leas Clo. Chess —4G 25
Leatherhead Rd. Chess —3C 26
Leatherhead Rd. Lea —7F 27
Lebanon Av. Felt —2C 12
Lebanon Gdns. SW18 —3K 11
Lebanon Pk. Twic —4C 8
Lebanon Rd. SW18 —2K 11
Leconfield Av. SW13 —7C 4
Leeson Ho. Twic —4C 8
Leeward Gdns. SW19 —2H 17
Legion Ct. Mord —3K 23
Leigham Dri. Iswth —4A 2
Leigh Clo. N Mald —1A 22
Leigh Clo. Ind. Est. N Mald —1A 22
Leigh Rd. Houn —1J 7
Leinster Av. SW14 —7K 3
Lena Gdns. W6 —1F 5
Lenelby Rd. Surb —5H 21
Len Freeman Pl. SW6 —4J 5
Lenton Rise. Rich —7F 3
Leo Ct. Bren —4E 2
Leopold Av. SW19 —2J 17
Leopold Rd. SW19 —1J 17
Leopold Ter. SW19 —2K 17
Letterstone Rd. SW6 —4J 5
Lettice St. SW6 —5J 5
Levana Clo. SW19 —5H 11
Lewesdon Clo. SW19 —5G 11
Lewin Rd. SW14 —7A 4
Lewins Rd. Eps —3J 27
Lewis Rd. Rich —2E 8
Lexham Gdns. W8 —1K 5
Lexham M. W8 —1K 5
Leyborne Pk. Rich —5H 3
Leybourne Pk. Rich —5H 3
Leyfield. Wor Pk —5B 22
Library Way. Twic —4H 7
Lichfield Ct. Rich —1F 9
Lichfield Gdns. Rich —1F 9
Lichfield Rd. Houn —1B 6
Lichfield Rd. Rich —5G 3
Lichfield Ter. Rich —2F 9
Lickey Ho. W14 —3J 5 (off N. End Rd.)
Liffords Pl. SW13 —6C 4
Lifford St. SW15 —1G 11
Lightermans Wlk. SW18 —1K 11
Lilac Ct. Tedd —1A 14
Lillian Rd. SW13 —3D 4
Lillie Mans. SW6 —3H 5 (off Lillie Rd.)
Lillie Rd. SW6 —3G 5
Lillie Yd. SW6 —3K 5
Lilliot's La. Lea —7B 26
Lily Clo. W14 —1G 5 (in two parts)
Lilyville Rd. SW6 —5J 5
Lime Cres. Sun —6B 12
Lime Gro. N Mald —7A 16
Lime Gro. Twic —3A 8
Lime Rd. Rich —1G 9
Limes Av. SW13 —6C 4
Limes Field Rd. SW14 —7B 4
Limes Gdns. SW18 —3K 11
Limes, The. SW18 —3K 11
Limes, The. W Mol —1G 19
Lime Tree Av. Esh & Th Dit —5K 19
Lime Tree Ct. Asht —7F 27
Limpsfield Av. SW19 —6G 11
Lincoln Av. SW19 —7G 11
Lincoln Av. Twic —6H 7
Lincoln Rd. Felt —7E 6
Lincoln Rd. N Mald —7K 15
Lincoln Rd. Wor Pk —5E 22
Linden Av. Houn —2G 7
Linden Clo. Th Dit —4A 20
Linden Cres. King T —6G 15
Linden Gdns. W4 —2B 4
Linden Gro. N Mald —7B 16
Linden Gro. Tedd —2A 14
Linden Ho. Hamp —3G 13
Linden Rd. Hamp —4F 13
Lindens, The. W4 —5K 3
Lindisfarne Rd. SW20 —4D 16
Lindley Ct. King T —5D 14
Lindley Rd. W On T —7C 18
Lindsay Clo. Chess —4F 25
Lindsay Clo. Eps —2K 27
Lindsay Rd. Hamp —1G 13
Lindsay Rd. Wor Pk —6E 22
Lindsey Ho. W5 —1E 2
Lindum Rd. Tedd —4D 14
Lingfield Av. King T —1F 21
Lingfield Rd. SW19 —2G 17
Lingfield Rd. Wor Pk —7F 23
Linkenholt Mans. W6 —1C 4 (off Stamford Brook Av.)
Linkfield. W Mol —7G 13
Linkfield Rd. Iswth —6A 2
Links Av. Mord —1K 23 (in two parts)
Links Clo. Asht —6D 26
Linkside. N Mald —6B 16
Links Pl. Asht —6E 26
Links Rd. Asht —7D 26
Links, The. W on T —6A 18
Links View Ct. Hamp —1J 13
Links View Rd. Hamp —2H 13
Link, The. Tedd —3A 14
Linkway. SW20 —7E 16
Linkway. Rich —6C 8
Linslade Clo. Houn —2D 6
Linstead Way. SW18 —4H 11
Lintaine Clo. W6 —3H 5
Linver Rd. SW6 —6K 5
Lion Av. Twic —5A 8
Lionel Rd. Bren —1F 3 (in two parts)
Lion Ga. Gdns. Rich —7G 3
Liongate M. E Mol —7A 14
Lion Pk. Av. Chess —1H 25
Lion Rd. Twic —5A 8
Lion Way. Bren —4E 2
Lion Wharf Rd. Iswth —7C 2
Lisbon Av. Twic —6H 7
Lisgar Ter. W14 —1J 5
Lismore. SW19 —2J 17 (off Woodside)
Lismore Clo. Iswth —6B 2
Listergate Ct. SW15 —1F 11
Litchfield Av. Mord —4J 23
Littlecombe Clo. SW15 —3G 11
Littlecote Clo. SW19 —4H 11
Lit. Ealing La. W5 —1D 2
Lit. Ferry Rd. Twic —5C 8
Littlefield Clo. King T —6F 15
Little Grn. Rich —1E 8
Lit. Park Dri. Felt —6D 6
Lit. Queen's Rd. Tedd —3A 14
Lit. St Leonard's. SW14 —7K 3
Lit. Warkworth Ho. Iswth —6C 2
Littlewood Clo. W13 —1C 2
Lit. Wood St. King T —6E 14
Littleworth Comn. Rd. Esh —7J 19
Littleworth La. Esh —7J 19
Littleworth Pl. Esh —7J 19
Littleworth Rd. Esh —7K 19
Liverpool Rd. King T —4H 15
Livesey Clo. King T —7G 15
Livingstone Mans. W14 —3H 5 (off Queen's Club Gdns.)
Livingstone Rd. Houn —1H 7
Lloyd Rd. Wor Pk —7G 23
Lochaline St. W6 —3F 5
Lockesley Sq. Surb —3E 20
Lock Rd. Rich —1D 14
Locksmeade Rd. Rich —1D 14
Lockwood Way. Chess —2H 25
Lodge Av. SW14 —7B 4
Lodge Clo. Iswth —5C 2
Loft Ho. Pl. Chess —3D 24
Logan Clo. Houn —1E 6
Logan M. W8 —1K 5
Logan Pl. W8 —1K 5
London Rd. Iswth & Bren —6A 2
London Rd. King T —6F 15
London Rd. Mord —2K 23
London Rd. Twic —2B 8
London Stile. W4 —2H 3
Longfellow Rd. Wor Pk —5D 22
Longfield Dri. SW14 —2J 9
Longfield St. SW18 —4K 11
Longford Clo. Hamp —1F 13
Longford Ct. Eps —1K 25
Longford Ho. Hamp —1F 13
Longford Rd. Twic —5F 7
Long Gro. Rd. Eps —6J 25
Long Lodge Dri. W On T —7B 18
Longmead Rd. Th Dit —4K 19
Longridge Rd. SW5 —1K 5
Longs Ct. Rich —1G 9
Longshott Ct. SW5 —1K 5 (off W. Cromwell Rd.)
Longstaff Cres. SW18 —4K 11
Longstaff Rd. SW18 —3K 11
Long Wlk. SW13 —6C 4
Long Wlk. N Mald —7K 15
Longwood Dri. SW15 —3D 10
Lonsdale Ct. Surb —4E 20
Lonsdale M. Rich —5H 3
Lonsdale Rd. SW13 —5C 4
Lonsdale Rd. W4 —1C 4
Loop Rd. Eps —5K 27
Loraine Gdns. Asht —6F 27
Loraine Rd. W4 —3J 3
Lord Chancellor Wlk. King T —5A 16
Lordell Pl. SW19 —3F 17
Lord Napier Pl. W6 —2D 4
Lord Roberts M. SW6 —4K 5
Lords Clo. Felt —6D 6
Loring Rd. Iswth —6A 2
Lorne Rd. Rich —2G 9
Louisa Ct. Twic —6K 7
Lovekyn Clo. King T —6F 15
Lovelace Gdns. Surb —4E 20
Lovelace Rd. Surb —4D 20
Love La. Mord —4K 23
Love La. Surb —6D 20
Lovell Rd. Rich —7D 8
Lwr. Common S. SW15 —7E 4
Lwr. Court Rd. Eps —7K 25
Lwr. Downs Rd. SW20 —5G 17
Lwr. George St. Rich —2E 8
Lwr. Green Rd. Esh —6G 19
Lwr. Grove Rd. Rich —3G 9
Lwr. Hampton Rd. Sun —7B 12
Lwr. Ham Rd. King T —2E 14
Lwr. Hill Rd. Eps —1J 27
Lwr. Mall. W6 —2E 4
Lwr. Marsh La. King T —1G 21
Lwr. Morden La. Mord —3F 23
Lwr. Mortlake Rd. Rich —1F 9
Lwr. Richmond Rd. SW15 —7E 4
Lwr. Richmond Rd. Rich & SW14 —7H 3
Lower Sq. Iswth —7C 2
Lwr. Staithe. W4 —5K 3
Lwr. Sunbury Rd. Hamp —6E 12
Lwr. Teddington Rd. King T —5E 14
Lwr. Wood Rd. Clay —3C 24
Lowther Rd. SW13 —5C 4
Lowther Rd. King T —5G 15
Loxley Rd. Hamp —1E 12
Lucien Rd. SW19 —6K 11
Ludovick Wlk. SW15 —1C 10
Lurgan Av. W6 —3G 5
Lushington Ho. W on T —3B 18
Luther Rd. Tedd —2A 14
Luttrell Av. SW15 —2E 10
Luxemburg Gdns. W6 —1G 5
Lydney Clo. SW19 —6H 11
Lygon Ho. SW6 —5H 5 (off Fulham Pal. Rd.)
Lymescote Gdns. Sutt —6K 23
Lyncroft Gdns. Houn —2H 7
Lyndale. Th Dit —4K 19
Lynde Ho. W on T —3B 18
Lyndhurst Av. Surb —5J 21
Lyndhurst Av. Twic —5E 6
Lyndhurst Dri. N Mald —4B 22
Lynmouth Av. Mord —3G 23
Lynton Clo. Chess —1F 25
Lynton Clo. Iswth —1A 8
Lynton Rd. N Mald —2A 22
Lynwood Ct. King T —6J 15
Lynwood Dri. Wor Pk —6D 22
Lynwood Rd. Th Dit —6A 20
Lyon Rd. W On T —6D 18
Lyons Wlk. W14 —1H 5
Lyric Rd. SW13 —5C 4
Lysander Gdns. Surb —3G 21
Lysia St. SW6 —4G 5
Lysons Wlk. SW15 —1D 10
Lytcott Dri. W Mol —7E 12
Lytton Gro. SW15 —2G 11

M

Mablethorpe Rd. SW6 —4H 5
Macaulay Av. Esh —6A 20
Macbeth St. W6 —2E 4
McCarthy Rd. Felt —2C 12
McDonough Clo. Chess —1F 25
Macfarlane La. Iswth —3A 2
McKay Rd. SW20 —4E 16
Maclaren M. SW15 —1F 11
Maclise Rd. W14 —1H 5
Madans Wlk. Eps —4K 27
Maddison Clo. Tedd —3A 14
Madrid Rd. SW13 —5D 4
Mafeking Av. Bren —3F 3
Magdala Rd. Iswth —7B 2
Magnolia Clo. King T —3J 15
Magnolia Rd. W4 —3J 3
Magnolia Way. Eps —2K 25
Maguire Dri. Rich —1D 14
Maidenshaw Rd. Eps —1K 27
Maids of Honour Row. Rich —2E 8
Main St. Felt —2C 12
Malbrook Rd. SW15 —1E 10
Malcolm Dri. Surb —5E 20
Malcolm Rd. SW19 —3H 17
Malden Ct. N Mald —7E 16
Malden Grn. Av. Wor Pk —5C 22
Malden Hill. N Mald —7C 16
Malden Hill Gdns. N Mald —7C 16
Malden Junction. (Junct.) —2C 22
Malden Pk. N Mald —3C 22
Malden Rd. N Mald & Wor Pk —2B 22
Malden Rd. Sutt —7G 23
Malden Way. N Mald —3B 22
Mallard Clo. Twic —4F 7
Mallard Pl. Twic —7B 8
Mall Rd. W6 —2E 4
Mall, The. SW14 —2K 9
Mall, The. Bren —3E 2
Mall, The. Surb —3E 20
Maltby Rd. Chess —3H 25
Malthouse Dri. W4 —3B 4
Malthouse Dri. Felt —2C 12
Malthouse Pas. SW13 —6C 4 (off Maltings Clo.)
Maltings. W4 —2H 3
Maltings Clo. SW13 —6C 4
Maltings Lodge. W4 —3B 4 (off Corney Reach Way)
Malting Way. Iswth —7A 2
Malvern Clo. Surb —5F 21
Malvern Dri. Felt —2C 12
Malvern Rd. Hamp —4F 13
Malvern Rd. Surb —6F 21
Manbre Rd. W6 —3F 5
Mandeville Clo. SW20 —5H 17
Mandeville Dri. Surb —5E 20

A-Z Richmond & Kingston 39

Mandeville Rd.—Mt. View Rd.

Mandeville Rd. *Iswth* —6B **2**
Manfred Rd. *SW15* —2J **11**
Manning Pl. *Rich* —3G **9**
Manningtree Clo. *SW19* —5H **11**
Mann's Clo. *Iswth* —2A **8**
Manny Shinwell Ho. SW6 (off Clem Attlee Ct. —3J **5**
Manoel Rd. *Twic* —7H **7**
Manor Circus. (Junct.) —7H **3**
Manor Clo. *Wor Pk* —5B **22**
Manor Ct. *W3* —1H **3**
Manor Ct. *King T* —5H **15**
Manor Ct. *Twic* —6H **7**
Manor Ct. *W Mol* —1F **19**
Manor Cres. *Surb* —3H **21**
Manordene Clo. *Th Dit* —5B **20**
Manor Dri. *Esh* —6A **20**
Manor Dri. *Felt* —2C **12**
Manor Dri. *Surb* —3G **21**
Manor Dri. N. *N Mald & Wor Pk* —4A **22**
Manor Dri., The. *Wor Pk* —5B **22**
Manor Farm Clo. *Wor Pk* —5B **22**
Manor Fields. *SW15* —3G **11**
Manor Gdns. *SW20* —6J **17**
Manor Gdns. *W3* —1H **3**
Manor Gdns. *W4* —2B **4**
Manor Gdns. *Hamp* —4G **13**
Manor Gdns. *Rich* —1G **9**
Manorgate Rd. *King T* —5H **15**
Manor Grn. Rd. *Eps* —2J **27**
Manor Gro. *Rich* —1H **9**
Manor Ho. Ct. *Eps* —2K **27**
Manor Ho. Way. *Iswth* —7C **2**
Manor La. *Felt* —6A **6**
Manor La. *Sun* —6A **12**
Manor Pk. *Rich* —1G **9**
Manor Pl. *Felt* —5A **6**
Manor Rd. *SW20* —6J **17**
Manor Rd. *E Mol* —1J **19**
Manor Rd. *Rich* —1H **9**
Manor Rd. *Tedd* —2B **14**
Manor Rd. *Twic* —6H **7**
Manor Rd. N. *Hin W & Th Dit* —7A **20**
Manor Rd. S. *Esh* —1A **24**
Manor Vale. *Bren* —2D **2**
Manor Way. *Wor Pk* —5B **22**
Mansel Rd. *SW19* —3H **17**
Mansfield Rd. *Chess* —2D **24**
Mansions, The. *SW5* —2K **5**
Manston Gro. *King T* —2E **14**
Maple Clo. *Hamp* —3E **12**
Maple Ct. *N Mald* —7A **16**
Maple Gro. *Bren* —4C **2**
Maple Gro. Bus. Cen. *Houn* —1B **6**
Maplehurst Clo. *King T* —1F **21**
Maple Ind. Est. *Felt* —7A **6**
Maple Rd. *Asht* —7E **26**
Maple Rd. *Surb* —3E **20**
Maples, The. *Clay* —4B **24**
Mapleton Cres. *SW18* —3K **11**
Mapleton Rd. *SW18* —3K **11**
Maple Way. *Felt* —7A **6**
Marble Hill Clo. *Twic* —4C **8**
Marble Hill Gdns. *Twic* —4C **8**
Marchbank Rd. *W14* —3J **5**
Marchmont Rd. *Rich* —2G **9**
March Rd. *Twic* —4B **8**
Marco Rd. *W6* —1F **5**
Margaret Herbison Ho. SW6 (off Clem Attlee Ct.) —3J **5**
Margaret Ingram Clo. *SW6* —4J **5**
Margin Dri. *SW19* —2G **17**
Margravine Gdns. *W6* —2G **5**
Margravine Rd. *W6* —2G **5**
Maria Theresa Clo. *N Mald* —2A **22**
Marina Av. *N Mald* —2E **22**
Marina Way. *Tedd* —4E **14**
Mariner Gdns. *Rich* —7D **8**
Market Pde. *Felt* —7D **6**
Market Pl. *Bren* —4D **2**
Market Pl. *King T* —6E **14**
Market Rd. *Rich* —7H **3**
Market Ter. Bren —3F **3** *(off Albany Rd.)*
Markhole Clo. *Hamp* —4E **12**
Marksbury Av. *Rich* —7H **3**
Markway. *Sun* —6B **12**
Marlborough Clo. *W On T* —7C **18**
Marlborough Ct. W8 —1K **5** *(off Pembroke Rd.)*
Marlborough Cres. *W4* —1A **4**
Marlborough Gdns. *Surb* —4E **20**
Marlborough Rd. *W4* —2K **3**
Marlborough Rd. *Felt* —6C **6**
Marlborough Rd. *Hamp* —3F **13**
Marlborough Rd. *Iswth* —5C **2**
Marlborough Rd. *Rich* —3G **9**
Marlborough Rd. *Sutt* —7K **23**
Marld, The. *Asht* —7G **27**
Marlingdene Clo. *Hamp* —3F **13**
Marloes Rd. *W8* —1K **5**
Marlow Cres. *Twic* —3A **8**
Marlow Dri. *Sutt* —6G **23**
Marnell Way. *Houn* —1C **6**
Marneys Clo. *Eps* —4H **27**
Marrick Clo. *SW15* —1D **10**
Marryat Pl. *SW19* —1H **17**
Marryat Rd. *SW19* —2G **17**
Marryat Sq. *SW6* —5H **5**
Marshall Clo. *Houn* —2E **6**
Marshalls Clo. *Eps* —2K **27**
Marsh Farm Rd. *Twic* —5A **8**
Marston. *Eps* —7K **25**
Marston Av. *Chess* —3F **25**
Marston Ct. *W on T* —5B **18**
Marston Rd. *Tedd* —2C **14**
Martindale. *SW14* —2K **9**
Martindale Rd. *Houn* —1D **6**
Martingales Clo. *Rich* —7E **8**
Martin Gro. *Mord* —1K **23**
Martin Way. *SW20 & Mord* —7H **17**
Marville Rd. *SW6* —4J **5**
Mary Adelaide Clo. *SW15* —1B **16**
Maryland Way. *Sun* —6A **12**
Mary Macarthur Ho. *W6* —3H **5**
Mary Rose Clo. *Hamp* —5F **13**
Mary's Ter. *Twic* —4B **8**
Marzena Ct. *Houn* —3H **7**
Masbro Rd. *W14* —1G **5**
Mascotte Rd. *SW15* —1G **11**
Masefield Ct. *Surb* —4E **20**
Masefield Rd. *Hamp* —1E **12**
Mason Clo. *Hamp* —5F **13**
Masonettes. Eps —6K **25** *(off Sefton Rd.)*
Mason's Yd. *SW19* —2G **17**
Maswell Pk. Cres. *Houn* —2H **7**
Maswell Pk. Rd. *Houn* —2G **7**
Matham Rd. *E Mol* —2J **19**
Matheson Rd. *W14* —1J **5**
Mathias Clo. *Eps* —2K **27**
Matlock Cres. *Sutt* —7H **23**
Matlock Way. *N Mald* —5A **16**
Maudsley Ho. *Bren* —2F **3**
Maurice Ct. *Bren* —4E **2**
Mawson Clo. *SW20* —6H **17**
Mawson La. *W4* —3C **4**
Maxwell Rd. *SW6* —4K **5**
Mayberry Pl. *Surb* —4G **21**
May Clo. *Chess* —3G **25**
Maycross Av. *Mord* —1J **23**
Mayfair Av. *Twic* —4H **7**
Mayfair Av. *Wor Pk* —5D **22**
Mayfair Clo. *Surb* —5F **21**
Mayfield Av. *W4* —1B **4**
Mayfield Clo. *Th Dit* —5C **20**
Mayfield Clo. *W on T* —7A **18**
Mayfield Rd. *SW19* —5J **17**
Mayfield Rd. *W on T* —7A **18**
Mayo Ct. *W13* —1C **2**
May Rd. *Twic* —5K **7**
Mayroyd Av. *Surb* —6H **21**
Mays Rd. *Tedd* —2J **13**
May St. *W14* —2J **5**
Maze Rd. *Rich* —4H **3**
Meade Clo. *W4* —3H **3**
Mead End. *Asht* —6G **27**
Meadlands Dri. *Rich* —6E **8**
Meadowbank. *Surb* —3G **21**
Meadowbank Clo. *SW6* —4F **5**
Meadow Clo. *SW20* —1F **23**
Meadow Clo. *Esh* —7A **20**
Meadow Clo. *Houn* —4F **7**
Meadow Clo. *Rich* —5F **9**
Meadow Ct. *Eps* —2K **27**
Meadow Ct. *Houn* —3J **7**
Meadowcroft. W4 —2H **3** *(off Brooks Rd.)*
Meadow Hill. *N Mald* —3B **22**
Meadow Pl. *W4* —4B **4**
Meadow Rd. *Asht* —6F **27**
Meadow Rd. *Clay* —3A **24**
Meadow Rd. *Felt* —6D **6**
Meadowside. *Twic* —4E **8**
Meadowside. *W On T* —6B **18**
Meadow Way. *Chess* —2F **25**
Mead Rd. *Rich* —7D **8**
Mead Rd. *W on T* —7D **18**
Meads, The. *Sutt* —7H **23**
Mead, The. *Asht* —7F **27**
Mead Way. *SW20* —1F **23**
Meadway. *Eps* —1K **27**
Meadway. *Surb* —5K **21**
Meadway. *Twic* —5J **7**
Meadway Ct. *Tedd* —2D **14**
Medcroft Gdns. *SW14* —1K **9**
Medfield St. *SW15* —4D **10**
Medina Av. *Esh* —7K **19**
Melancholy Wlk. *Rich* —6D **8**
Melbourne Rd. *SW19* —5K **17**
Melbourne Rd. *Tedd* —3D **14**
Melbury Clo. *Clay* —3C **24**
Melbury Gdns. *SW20* —5D **16**
Meldone Clo. *Surb* —3J **21**
Melford Clo. *Chess* —2G **25**
Melina Ct. *SW15* —7D **4**
Mellor Clo. *W On T* —4E **18**
Melrose Av. *SW19* —6J **11**
Melrose Av. *Twic* —4G **7**
Melrose Gdns. *N Mald* —7A **16**
Melrose Rd. *SW13* —6C **4**
Melrose Rd. *SW18* —3J **11**
Melrose Rd. *SW19* —5K **17**
Melville Av. *SW20* —4D **16**
Melville Rd. *SW13* —5D **4**
Mendip Clo. *SW19* —6H **11**
Mendip Clo. *Wor Pk* —6F **23**
Mendora Rd. *SW6* —4H **5**
Mercer Clo. *Th Dit* —4B **20**
Mercers Pl. *W6* —1F **5**
Mercier Rd. *SW15* —2H **11**
Mercury Cen. *Felt* —2A **6**
Mercury Ho. Bren —3D **2** *(off Glenhurst Rd.)*
Mercury Rd. *Bren* —3D **2**
Mere Clo. *SW15* —4G **11**
Meredyth Rd. *SW13* —6D **4**
Mereway Rd. *Twic* —5J **7**
Merivale Rd. *SW15* —1H **11**
Merling Clo. *Chess* —3E **24**
Merrilands Rd. *Wor Pk* —5F **23**
Merrilyn Clo. *Clay* —3B **24**
Merrington Rd. *SW6* —3K **5**
Merrit Gdns. *Chess* —3D **24**
Merthyr Ter. *SW13* —3E **4**
Merton Av. *W4* —1C **4**
Merton Hall Gdns. *SW20* —5H **17**
Merton Hall Rd. *SW19* —4H **17**
Merton Mans. *SW20* —6G **17**
Merton Rd. *SW18* —3K **11**
Merton Wlk. *Lea* —7B **26**
Merton Way. *Lea* —7B **26**
Merton Way. *W Mol* —1G **19**
Metcalf Wlk. *Felt* —1D **12**
Metro Ind. Cen. *Iswth* —6A **2**
Mews, The. *Twic* —3C **8**
Mexfield Rd. *SW15* —2J **11**
Michaelmas Clo. *SW20* —7F **17**
Michael's Row. *Rich* —1F **9**
Michael Stewart Ho. SW6 (off Clem Attlee Ct.) —3J **5**
Michelham Gdns. *Twic* —7A **8**
Michel's Row. *Rich* —1F **9**
Micklethwaite Rd. *SW6* —3K **5**
Midas Metropolitan Ind. Est. *Mord* —4F **23**
Middle Grn. Clo. *Surb* —3G **21**
Middle La. *Tedd* —3A **14**
Middlesex Ct. *W4* —2C **4**
Middleton Rd. *Eps* —6K **25**
Middleton Rd. *Mord & Cars* —3K **23**
Middleton Rd. *N Mald* —6K **15**
Midmoor Rd. *SW19* —5H **17**
Midsummer Av. *Houn* —1E **6**
Midway. *Sutt* —4J **23**
Midway. *W On T* —6A **18**
Miena Way. *Asht* —6E **26**
Miles Pl. *Surb* —1G **21**
Milestone Green. (Junct.) —1K **9**
Millais Rd. *N Mald* —4B **22**
Millais Way. *Eps* —1K **25**
Millbourne Rd. *Felt* —1D **12**
Miller's Ct. *W4* —2C **4**
Mill Farm Bus. Pk. *Houn* —5D **6**
Mill Farm Cres. *Houn* —5D **6**
Millfield Rd. *Houn* —5D **6**
Mill Hill. *SW13* —6D **4**
Mill Hill Rd. *SW13* —6D **4**
Mill Mead. *Esh* —6F **19**
Mill Pl. *King T* —7G **15**
Mill Plat. *Iswth* —6B **2** (in two parts)
Mill Plat Av. *Iswth* —6B **2**
Mill Rd. *Esh* —6F **19**
Mill Rd. *Twic* —6H **7**
Millshot Clo. *SW6* —5F **5**
Millside Pl. *Iswth* —6C **2**
Mills Row. *W4* —1A **4**
Mill St. *King T* —7F **15**
Mill Way. *Felt* —2A **6**
Millwood Rd. *Houn* —2H **7**
Milner Dri. *Twic* —4J **7**
Milner Rd. *SW19* —5K **17**
Milner Rd. *King T* —7E **14**
Milnthorpe Rd. *W4* —3A **4**
Milton Ct. *SW18* —2K **11**
Milton Ct. *Twic* —7K **7**
Milton Ho. *Sutt* —7K **23**
Milton Lodge. *Twic* —4A **8**
Milton Mans. W14 —3H **5** *(off Queen's Club Mans.)*
Milton Rd. *SW14* —7A **4**
Milton Rd. *Hamp* —4F **13**
Milton Rd. *Sutt* —7K **23**
Milton Rd. *W On T* —7C **18**
Mimosa St. *SW6* —5J **5**
Mina Rd. *SW19* —5K **17**
Minden Rd. *Sutt* —6J **23**
Minerva Rd. *King T* —6G **15**
Minniedale. *Surb* —2G **21**
Minstead Gdns. *SW15* —4C **10**
Minstead Way. *N Mald* —3B **22**
Minster Av. *Sutt* —6K **23**
Minster Gdns. *W Mol* —1E **18**
Minstrel Gdns. *Surb* —1G **21**
Mirabel Rd. *SW6* —4J **5**
Mission Sq. *Bren* —3F **3**
Misty's Field. *W On T* —5B **18**
Mitford Clo. *Chess* —3D **24**
Moat Ct. *Asht* —6F **27**
Moat Side *Felt* —1B **12**
Moat, The. *N Mald* —5B **16**
Modder Pl. *SW15* —1G **11**
Model Cotts. *SW14* —1K **9**
Moffat Ct. *SW19* —2K **17**
Mogden La. *Iswth* —2A **8**
Mole Abbey Gdns. *W Mol* —7G **13**
Mole Ct. *Eps* —1K **25**
Molember Ct. *E Mol* —1K **19**
Molember Rd. *E Mol* —2K **19**
Molesey Av. *W Mol* —2E **18**
Molesey Clo. *W On T* —7D **18**
Molesey Dri. *Sutt* —6H **23**
Molesey Pk. Av. *W Mol* —2G **19**
Molesey Pk. Clo. *E Mol* —2H **19**
Molesey Pk. Rd. *W Mol* —2G **19**
Molesey Rd. *W on T* —7C **18**
Molesford Rd. *SW6* —5K **5**
Molesham Clo. *W Mol* —7G **13**
Molesham Way. *W Mol* —7G **13**
Monaveen Gdns. *W Mol* —7G **13**
Moncks Row. SW18 —3J **11** *(off West Hill Rd.)*
Monkleigh Rd. *Mord* —7H **17**
Monks Av. *W Mol* —2E **18**
Monks Cres. *W On T* —5A **18**
Monmouth Av. *King T* —4D **14**
Monmouth Clo. *W4* —1K **3**
Monmouth Gro. *Bren* —1F **3**
Mono La. *Felt* —6A **6**
Monroe Dri. *SW14* —2J **9**
Montague Clo. *W On T* —4A **18**
Montague Rd. *SW19* —4K **17**
Montague Rd. *Houn* —1G **7**
Montague Rd. *Rich* —3F **9**
Montana Rd. *SW20* —5F **17**
Montem Rd. *N Mald* —1B **22**
Montford Rd. *Sun* —1A **18**
Montfort Pl. *SW19* —5G **11**
Montgomery Av. *Esh* —6K **19**
Montgomery Rd. *W4* —1K **3**
Montolieu Gdns. *SW15* —2E **10**
Montpelier Row. *Twic* —4D **8**
Montrose Av. *Twic* —4G **7**
Montserrat Rd. *SW15* —1H **11**
Moore Clo. *SW14* —7K **3**
Moore Pk. Rd. *SW6* —4K **5**
Moorfield Rd. *Chess* —2F **25**
Moorland Clo. *Twic* —4F **7**
Moor La. *Chess* —1F **25**
Moor Mead Rd. *Twic* —3B **8**
Moor Pk. Gdns. *King T* —4B **16**
Morden Ct. *Mord* —1K **23**
Morden Ct. Pde. *Mord* —1K **23**
Morden Way. *Sutt* —4K **23**
More Clo. *W14* —1G **5**
Morecoombe Clo. *King T* —4J **15**
More La. *Esh* —7G **19**
Moresby Av. *Surb* —4J **21**
Moreton Rd. *Wor Pk* —6D **22**
Morgan Rd. *Tedd* —3K **13**
Morland Clo. *Hamp* —2E **12**
Morley Rd. *Sutt* —5J **23**
Morley Rd. *Twic* —3E **8**
Morningside Rd. *Wor Pk* —6F **23**
Mornington Av. *W14* —1J **5**
Mornington Wlk. *Rich* —1D **14**
Morris Gdns. *SW18* —4K **11**
Morris Rd. *Iswth* —7A **2**
Mortimer Cres. *Wor Pk* —7A **22**
Mortlake High St. *SW14* —7A **4**
Mortlake Rd. *Rich* —4H **3**
Mortlake Ter. Rich —4H **3** *(off Mortlake Rd.)*
Morton M. *SW5* —1K **5**
Mossville Gdns. *Mord* —7J **17**
Mostyn Rd. *SW19* —5J **17**
Motspur Pk. *N Mald* —3C **22**
Mt. Angelus Rd. *SW15* —4C **10**
Mt. Ararat Rd. *Rich* —2F **9**
Mountcombe Clo. *Surb* —4F **21**
Mount Ct. *SW15* —7H **5**
Mount M. *Hamp* —5G **13**
Mt. Pleasant Rd. *N Mald* —7K **15**
Mount Rd. *SW19* —6K **11**
Mount Rd. *Chess* —2G **25**
Mount Rd. *Felt* —7D **6**
Mount Rd. *N Mald* —7A **16**
Mount, The. *N Mald* —7C **16**
Mt. View Rd. *Clay* —4C **24**

40 A-Z Richmond & Kingston

Mount Wood—Palace M.

Mount Wood. *W Mol* —7G **13**
Mowat Corner. *Wor Pk* —6C **22**
Mowat Ct. Wor Pk —6C 22
(off Avenue, The)
Mowbray Rd. *Rich* —7D **8**
Moylan Rd. *W6* —3H **5**
Muirdown Av. *SW14* —1A **10**
Mulberry Ct. *Surb* —4E **20**
Mulberry Ct. *Twic* —7A **8**
Mulberry Cres. *Bren* —4C **2**
Mulberry Pl. *W6* —2D **4**
Mulgrave Rd. *SW6* —3J **5**
Mullins Path. *SW14* —7A **4**
Munden St. *W14* —1H **5**
Mund St. *W14* —2J **5**
Munnings Gdns. *Iswth* —2J **7**
Munster Av. *Houn* —2D **6**
Munster Ct. *SW6* —6J **5**
Munster Ct. *Tedd* —3D **14**
Munster Rd. *SW6* —4H **5**
Munster Rd. *Tedd* —3D **14**
Murfett Clo. *SW19* —6H **11**
Murray Av. *Houn* —2G **7**
Murray Ct. *Twic* —6J **7**
Murray Rd. *SW19* —3G **17**
Murray Rd. *W5* —1D **2**
Murray Rd. *Rich* —6D **8**
Murray Ter. *W5* —1E **2**
Murreys Ct. *Asht* —7E **26**
Murreys, The. *Asht* —7E **26**
Musard Rd. *W6* —3H **5**
Musgrave Cres. *SW6* —4K **5**
Musgrave Rd. *Iswth* —5A **2**
Mustow Pl. *SW6* —6J **5**
Muybridge Rd. *N Mald* —6K **15**
Mylne Clo. *W6* —2D **4**
Mynn's Clo. *Eps* —3J **27**
Myrtle Gro. *N Mald* —6K **15**
Myrtle Rd. *Hamp* —3H **13**

Nallhead Rd. *Felt* —2B **12**
Napier Av. *SW6* —7J **5**
Napier Ct. SW6 —7J 5
(off Ranelagh Gdns.)
Napier Pl. *W14* —1J **5**
Napier Rd. *W14* —1H **5**
Napier Rd. *Iswth* —1B **8**
Napoleon Rd. *Twic* —4C **8**
Narborough St. *SW6* —6K **5**
Naseby Clo. *Iswth* —5A **2**
Naseby Ct. *W on T* —6B **18**
Nasmyth St. *W6* —1E **4**
Nassau Rd. *SW13* —5C **4**
Natalie M. *Twic* —7J **7**
Nella Rd. *W6* —3G **5**
Nelson Clo. *W On T* —5A **18**
Nelson Gdns. *Houn* —3F **7**
Nelson Ind. Est. *SW19* —5K **17**
Nelson Rd. *Houn* —3F **7**
Nelson Rd. *N Mald* —2A **22**
Nelson Rd. *Twic* —3F **7**
Nene Gdns. *Felt* —6E **6**
Nepean St. *SW15* —3D **10**
Nero Ct. *Bren* —4E **2**
Netheravon Rd. N. *W4* —1C **4**
Netheravon Rd. S. *W4* —2C **4**
Netherbury Rd. *W5* —1E **2**
Netherton Rd. *Twic* —2B **8**
Netley Dri. *W On T* —4E **18**
Netley Rd. *Bren* —3F **3**
Nevada Clo. *N Mald* —1K **21**
Nevern Mans. SW5 —1K 5
(off Warwick Rd.)
Nevern Pl. *SW5* —1K **5**
Nevern Rd. *SW5* —1K **5**
Nevern Sq. *SW5* —1K **5**
Neville Av. *N Mald* —5A **16**
Neville Gill Clo. *SW18* —3K **11**
Neville Rd. *King T* —6H **15**
Neville Rd. *Rich* —7D **8**
Newark Ct. *W on T* —5B **18**
Newborough Grn. *N Mald* —1A **22**
New B'way. *Hamp* —2J **13**
Newbury Gdns. *Eps* —7C **22**
New Chapel Sq. *Felt* —5A **6**
New Clo. *Felt* —2D **12**
Newfield Clo. *Hamp* —5F **13**
Newgate Clo. *Felt* —7D **6**
Newhall Gdns. *W On T* —6B **18**
New Horizons Ct. *Bren* —3D **2**
Newhouse Clo. *N Mald* —4B **22**
New Kelvin Av. *Tedd* —3K **13**
New Kings Rd. *SW6* —6J **5**
Newlands Av. *Th Dit* —5K **19**
Newlands Way. *Chess* —2D **24**
Newmans La. *Surb* —3E **20**
Newnes Path. *SW15* —1E **10**
Newport Rd. *SW13* —5D **4**
New Rd. *Bren* —3E **2**
New Rd. *Esh* —7H **19**
New Rd. *Felt* —5A **6**
New Rd. *Hanw* —2D **12**
New Rd. *Houn* —1G **7**
New Rd. *King T* —4H **15**
New Rd. *Oxs* —7A **24**
New Rd. *Rich* —1D **14**
New Rd. *W Mol* —1F **19**
Newry Rd. *Twic* —2B **8**
Newstead Wlk. *Cars* —4K **23**
Newstead Way. *SW19* —1G **17**
Newton Gro. *W4* —1B **4**
Newton Mans. W14 —3H 5
(off Queen's Club Gdns.)
Newton Rd. *SW19* —4H **17**
Newton Rd. *Iswth* —6A **2**
Newton's Yd. *SW18* —2K **11**
Newton Wood Rd. *Asht* —5G **27**
Niagara Av. *W5* —1D **2**
Nicholas Ct. W4 —3B 4
(off Corney Reach Way)
Nicholes Rd. *Houn* —1F **7**
Nichols Clo. *Chess* —3D **24**
Nicol Clo. *Twic* —3C **8**
Nigel Playfair Av. *W6* —2E **4**
Nightingale Clo. *W4* —3K **3**
Nightingale Dri. *Eps* —3J **25**
Nightingale La. *Rich* —4F **9**
Nightingale Rd. *Hamp* —2F **13**
Nightingale Rd. *W On T* —4B **18**
Nightingale Rd. *W Mol* —2G **19**
Nikols Wlk. *SW18* —1K **11**
Nimbus Rd. *Eps* —6K **25**
Niton Rd. *Rich* —7H **3**
Niton St. *SW6* —4G **5**
Norbiton Av. *King T* —5H **15**
Norbiton Comn. Rd. *King T* —7J **15**
Norbury Av. *Houn* —1J **7**
Norcutt Rd. *Twic* —5K **7**
Norfolk Clo. *Twic* —3C **8**
Norfolk Gdns. *Houn* —2E **6**
Norfolk Rd. *Felt* —5B **6**
Norfolk Ter. *W6* —2H **5**
Norley Vale. *SW15* —5D **10**
Norman Av. *Felt* —6D **6**
Norman Av. *Twic* —4D **8**
Normanby Clo. *SW15* —2J **11**
Norman Colyer Ct. *Eps* —6K **25**
Normand Gdns. W14 —3H 5
(off Greyhound Rd.)
Normand M. *W14* —3H **5**
Normand Rd. *W14* —3J **5**
Norman Ho. *Felt* —6E **6**
Normanhurst Dri. *Twic* —2B **8**
Normanhurst Rd. *W On T* —6C **18**
Normansfield Av. *Tedd* —4D **14**
Normanton Av. *SW19* —6K **11**
Norroy Rd. *SW15* —1G **11**
Norstead Pl. *SW15* —6D **10**
North Av. *Rich* —5H **3**
Northcliffe Clo. *Wor Pk* —7B **22**
North Clo. *Mord* —1H **23**
Northcote Av. *Iswth* —2B **8**
Northcote Av. *Surb* —4J **21**
Northcote Rd. *N Mald* —7K **15**
Northcote Rd. *Twic* —2B **8**
N. End Cres. *W14* —1J **5**
N. End Ho. W14 —1H 5
(off Fitzjames Av.)
N. End Pde. W14 —1H 5
(off N. End Rd.)
N. End Rd. *W14 & SW6* —1H **5**
Northernhay Wlk. *Mord* —1H **23**
N. Eyot Gdns. *W6* —2C **4**
N. Feltham Trad. Est. *Felt* —2A **6**
Northfield Av. *W13* —1D **2**
Northfields. *SW18* —1K **11**
Northfields. *Asht* —7F **27**
Northfields Prospect Bus. Cen. *SW18* —1K **11**
North La. *Tedd* —3A **14**
N. Lodge Clo. *SW15* —2G **11**
North Pde. *Chess* —2G **25**
North Pl. *SW18* —2K **11**
North Pl. *Tedd* —3A **14**
North Rd. *W5* —1E **2**
North Rd. *Bren* —3F **3**
North Rd. *Rich* —7H **3**
North Rd. *Surb* —3E **20**
Northspur Rd. *Sutt* —7K **23**
North St. *Iswth* —7B **2**
Northumberland Av. *Iswth* —5A **2**
Northumberland Gdns. *Iswth* —4B **2**
Northumberland Pl. *Rich* —3E **8**
Northumberland Row. *Twic* —5K **7**
N. Verbena Gdns. *W6* —2D **4**
North View. *SW19* —2F **17**
Northway. *Mord* —1H **23**
Northweald La. *King T* —2E **14**
N. Weylands Ind. Est. *W On T* —6D **18**
N. Worple Way. *SW14* —7A **4**
Norton Av. *Surb* —4J **21**
Norwood Clo. *Twic* —6J **7**
Nottingham Rd. *Iswth* —6A **2**
Nova M. *Sutt* —5H **23**
Novello St. *SW6* —5K **5**
Nowell Rd. *SW13* —3D **4**
Numa Ct. *Bren* —4E **2**
Nursery Clo. *SW15* —1G **11**
Nursery Clo. *Felt* —4A **6**
(in two parts)
Nye Bevan Ho. SW6 —4J 5
(off Clem Attlee Est.)
Nylands Av. *Rich* —5H **3**
Nymans Gdns. *SW20* —7E **16**

Oak Av. *Hamp* —2D **12**
Oakbank Av. *W On T* —4E **18**
Oakcombe Clo. *N Mald* —5B **16**
Oakcroft Bus. Cen. *Chess* —1G **25**
Oakcroft Rd. *Chess* —1G **25**
Oakcroft Vs. *Chess* —1G **25**
Oakdene Av. *Th Dit* —5B **20**
Oakdene Ct. *W On T* —7A **18**
Oakdene Dri. *Surb* —4K **21**
Oakdene M. *Sutt* —5J **23**
Oake Ct. *SW15* —2H **11**
Oaken Dri. *Clay* —3A **24**
Oaken La. *Clay* —2A **24**
Oakenshaw Clo. *Surb* —4F **21**
Oakfield Clo. *N Mald* —2C **22**
Oakfield Rd. *SW19* —7G **11**
Oakfield Rd. *Asht* —6E **26**
Oakfields. *W On T* —5A **18**
Oak Glade. *Eps* —1H **27**
Oak Gro. *Sun* —4A **12**
Oakhill. *Clay* —3B **24**
Oak Hill. *Eps* —5K **27**
Oakhill. *Surb* —4F **21**
Oakhill Clo. *Asht* —7D **26**
Oakhill Ct. *SW19* —4G **17**
Oakhill Cres. *Surb* —4F **21**
Oakhill Dri. *Surb* —4F **21**
Oakhill Gro. *Surb* —3F **21**
Oakhill Path. *Surb* —3F **21**
Oakhill Pl. *SW15* —2K **11**
Oakhill Rd. *SW15* —2J **11**
Oakhill Rd. *Asht* —7D **26**
Oakhill Rd. *Surb* —3F **21**
Oakhurst Clo. *Tedd* —2K **13**
Oakhurst Rd. *Eps* —3K **25**
Oakington Dri. *Sun* —6B **12**
Oaklands Av. *Esh* —5J **19**
Oaklands Av. *Iswth* —3A **2**
Oaklands Clo. *Chess* —1D **24**
Oaklands Dri. *Twic* —4H **7**
Oaklands Rd. *SW14* —7A **4**
Oak La. *Iswth* —1K **7**
Oak La. *Twic* —4B **8**
Oaklawn Rd. *Lea* —6A **26**
Oak Leaf Clo. *Eps* —1K **27**
Oaklea Pas. *King T* —7E **14**
Oakleigh Av. *Surb* —5H **21**
Oakleigh Way. *Surb* —5H **21**
Oakley Wlk. *W6* —3G **5**
Oakmead Grn. *Eps* —4K **27**
Oak Pk. Gdns. *SW19* —5G **11**
Oak Rd. *Lea* —7B **26**
Oak Rd. *N Mald* —6A **16**
Oaks Av. *Felt* —6D **6**
Oaks Av. *Wor Pk* —7E **22**
Oaks, The. *Mord* —1H **23**
Oaksway. *Surb* —5E **20**
Oak Way. *SW20* —1F **23**
Oak Way. *Asht* —5H **27**
Oakwood Gdns. *Sutt* —6K **23**
Oakwood Rd. *SW20* —5D **16**
Oarsman Pl. *E Mol* —1K **19**
Oast Lodge. W4 —4B 4
(off Corney Reach Way)
Observatory Rd. *SW14* —1K **9**
Occupation La. *W5* —1E **2**
Octavia Rd. *Iswth* —7A **2**
Odard Rd. *W Mol* —1F **19**
Ogden Ho. *Felt* —7D **6**
Oil Mill La. *W6* —2D **4**
Old Barn Rd. *Eps* —6K **27**
Old Bri. St. *Hamp W* —6E **14**
Old Brompton Rd. *SW5 & SW7* —2K **5**
Old Claygate La. *Clay* —2B **24**
Old Deer Pk. Gdns. *Rich* —7F **3**
Old Dock Clo. *Rich* —3H **3**
Old Farm Clo. *Houn* —1E **6**
Old Farm Pas. *Hamp* —5H **13**
Old Farm Rd. *Hamp* —3E **12**
Oldfield Gdns. *Asht* —7E **26**
Oldfield Ho. W4 —2B 4
(off Devonshire Rd.)
Oldfield Rd. *SW19* —3H **17**
Oldfield Rd. *Hamp* —5E **12**
Oldfields Rd. *Sutt* —7J **23**
Oldfields Trad. Est. *Sutt* —7K **23**
Old Ho. Clo. *SW19* —2H **17**
Old Ho. Gdns. *Twic* —3D **8**
Old Kingston Rd. *Wor Pk* —7K **21**
Old Lodge Pl. *Twic* —3C **8**
Old Malden La. *Wor Pk* —6B **22**
Old Mnr. Dri. *Iswth* —3H **7**
Old Mnr. Yd. *SW5* —2K **5**
Old Orchard. *Sun* —6B **12**
Old Pal. La. *Rich* —2D **8**
Old Pal. Ter. *Rich* —2E **8**
Old Pal. Yd. *Rich* —2D **8**
Old Pound Clo. *Iswth* —6B **2**
Old School Clo. *SW19* —6K **17**
Old School Sq. *Th Dit* —3A **20**
Old Sta. Gdns. Tedd —3B 14
(off Victoria Rd.)
Oliver Clo. *W4* —3J **3**
Oliver Rd. *N Mald* —6K **15**
Olivette St. *SW15* —7G **5**
Olympia Way. *W14* —1H **5**
Ongar Rd. *SW6* —3K **5**
Onslow Av. *Rich* —2F **9**
Onslow Clo. *Th Dit* —5K **19**
Onslow Gdns. *Th Dit* —5K **19**
Onslow Rd. *N Mald* —1D **22**
Onslow Rd. *Rich* —2F **9**
Onslow Way. *Th Dit* —5K **19**
Orbain Rd. *SW6* —4H **5**
Orchard Av. *N Mald* —7B **16**
Orchard Av. *Th Dit* —5B **20**
Orchard Clo. *SW20* —1F **23**
Orchard Clo. *Surb* —5C **20**
Orchard Clo. *W On T* —4A **18**
Orchard Clo. *W Ewe* —3J **25**
Orchard Ct. *Twic* —6J **7**
Orchard Ct. *Wor Pk* —5D **22**
Orchard Gdns. *Chess* —1F **25**
Orchard Gdns. *Eps* —3K **27**
Orchard Ga. *Esh* —5J **19**
Orchard La. *SW20* —5E **16**
Orchard La. *E Mol* —3J **19**
Orchard Rise. *King T* —5K **15**
Orchard Rise. *Rich* —2J **9**
Orchard Rd. *Bren* —3D **2**
Orchard Rd. *Chess* —1F **25**
Orchard Rd. *Hamp* —4E **12**
Orchard Rd. *Houn* —2E **6**
Orchard Rd. *King T* —6F **15**
Orchard Rd. *Rich* —7H **3**
Orchard Rd. *Sun* —4A **12**
Orchard Rd. *Twic* —3B **8**
Orchard Sq. W14 —2J 5
(off Sun Rd.)
Orchard, The. *W4* —1A **4**
Ordnance Clo. *Felt* —6A **6**
Oregon Clo. *N Mald* —1K **21**
Orford Gdns. *Twic* —6A **8**
Orleans Clo. *Esh* —6J **19**
Orleans Ct. *Twic* —4C **8**
Orleans Rd. *Twic* —4C **8**
Orme Rd. *King T* —6J **15**
Ormond Av. *Hamp* —5G **13**
Ormond Av. *Rich* —2E **8**
Ormond Cres. *Hamp* —5G **13**
Ormond Dri. *Hamp* —4G **13**
Ormonde Rd. *SW14* —7K **3**
Ormond Rd. *Rich* —2E **8**
Orpwood Clo. *Hamp* —3E **12**
Osborne Clo. *Felt* —2C **12**
Osborne Rd. *Houn* —1E **6**
Osborne Rd. *King T* —4F **15**
Osborne Rd. *W On T* —5A **18**
Osbourne Ho. *Twic* —6H **7**
Osier M. *W4* —3B **4**
Osiers Rd. *SW18* —1K **11**
Osterley Cres. *Iswth* —5A **2**
Otho Ct. *Bren* —4E **2**
Otterburn Gdns. *Iswth* —4B **2**
Ottways La. *Asht* —7F **27**
Overdale. *Asht* —5F **27**
Overdale Av. *N Mald* —6A **16**
Overstone Rd. *W6* —1F **5**
Overton Clo. *Iswth* —5A **2**
Overton Ho. SW15 —4C 10
(off Tangley Gro.)
Owen Ho. *Twic* —4C **8**
Owen Mans. W14 —3H 5
(off Queen's Club Gdns.)
Oxberry Av. *SW6* —6H **5**
Oxford Av. *SW20* —6H **17**
Oxford Ct. *W4* —2J **3**
Oxford Ct. *Felt* —1C **12**
Oxford Cres. *N Mald* —3A **22**
Oxford Gdns. *W4* —2H **3**
Oxford Ga. *W6* —1G **5**
Oxford Rd. *SW15* —1H **11**
Oxford Rd. *Tedd* —2J **13**
Oxford Rd. N. *W4* —2J **3**
Oxford Rd. S. *W4* —2H **3**
Oxford Way. *Felt* —1C **12**
Oxleigh Clo. *N Mald* —2B **22**
Oxshott Rd. *Lea* —5A **26**

Pachesham Dri. *Oxs* —5A **26**
Pachesham Pk. *Lea* —5B **26**
Paddenswick Rd. *W6* —1D **4**
Paddock Clo. *Wor Pk* —5B **22**
Paddocks Clo. *Asht* —7F **27**
Paddocks, The. W5 —1E 2
(off Popes La.)
Paddocks Way. *Asht* —7F **27**
Page Clo. *Hamp* —3D **12**
Pages Yd. *W4* —3B **4**
Paget Clo. *Hamp* —1J **13**
Paget La. *Iswth* —1J **7**
Paget Pl. *King T* —3K **15**
Paget Pl. *Th Dit* —5B **20**
Pagoda Av. *Rich* —7G **3**
Pagoda Vista. *Rich* —6G **3**
Palace M. *SW6* —4J **5**

A-Z Richmond & Kingston 41

Palace Rd.—Queen's Club Gdns.

Palace Rd. E Mol —7J 13
Palace Rd. King T —1E 20
Palewell Comn. Dri. SW14 —2A 10
Palewell Pk. SW14 —2A 10
Palgrave Ho. Twic —4H 7
Palgrave Rd. W12 —1C 4
Palliser Rd. W14 —2H 5
Palmer Cres. King T —7F 15
Palmers Gro. W Mol —1F 19
Palmers Pas. SW14 —7K 3
Palmers Rd. SW14 —7K 3
Palmerston Ct. Surb —4E 20
Palmerston Gro. SW19 —4K 17
Palmerston Mans. W14 —3H 5 (off Queen's Club Gdns.)
Palmerston Rd. SW14 —1K 9
Palmerston Rd. SW19 —4K 17
Palmerston Rd. Twic —3A 8
Pankhurst Clo. Iswth —7A 2
Pankhurst Rd. W On T —4B 18
Panmuir Rd. SW20 —5E 16
Parade, The. Hamp —2J 13
Parade, The. Wor Pk —7C 22
Paradise Rd. Rich —2E 8
Paragon Gro. Surb —3G 21
Paragon Pl. Surb —3G 21
Parbury Rise. Chess —3F 25
Parfrey St. W6 —3F 5
Parish Ct. Surb —3F 21
Park Av. SW14 —1A 10
Park Av. Houn —3G 7
Park Clo. W4 —2A 4
Park Clo. Hamp —5H 13
Park Clo. Houn —2H 7
Park Clo. King T —5H 15
Park Ct. King T —5D 14
Park Ct. N Mald —1A 22
Park Cres. Twic —5J 7
Parkdale Cres. Wor Pk —7A 22
Park Dri. SW14 —2A 10
Park Dri. Asht —7H 27
Park Dri. W3 —1H 3
Parke Rd. SW13 —5D 4
Parke Rd. Sun —1A 18
Parker's Clo. Asht —7F 27
Parker's La. Asht —7F 27
Park Farm Rd. King T —4F 15
Parkfield Av. SW14 —1B 10
Parkfield Av. Felt —7A 6
Parkfield Cres. Felt —7A 6
Parkfield Rd. Felt —7A 6
Parkfields. SW15 —1F 11
Parkfields Av. SW20 —5E 16
Parkfields Rd. King T —2G 15
Park Gdns. King T —2G 15
Park Ga. Clo. King T —3J 15
Parkgate Gdns. SW14 —2A 10
Park Hill. Rich —3G 9
Park Ho. Gdns. Twic —2D 8
Parkhurst. Eps —6K 25
Parkland Gdns. SW19 —5G 11
Parklands. Surb —2G 21
Parklands Clo. SW14 —2K 9
Parklands Way. Wor Pk —6B 22
Park La. Asht —7G 27
Park La. Rich —1E 8
Park La. Tedd —3A 14
Parklawn Av. Eps —2J 27
Parkleys. Rich —1E 14
Parkmead. SW15 —3E 10
Park Pl. W3 —1H 3
Park Pl. Hamp H —3H 13
Park Rd. W4 —4K 3
Park Rd. Asht —7F 27
Park Rd. E Mol —1H 19
Park Rd. Felt —1C 12
Park Rd. Hamp H —1G 13
Park Rd. Hamp W —5D 14
Park Rd. Houn —2G 7
Park Rd. Iswth —5C 2
Park Rd. King T —2G 15
Park Rd. N Mald —1A 22
Park Rd. Rich —3G 9
Park Rd. Sun —4A 12
Park Rd. Surb —2G 21
Park Rd. Tedd —3A 14
Park Rd. Twic —3D 8
Park Rd. Ho. King T —4H 15
Park Rd. Ind. Est. Swan —7A 14
Park Rd. N. W4 —2A 4
Parkshot. Rich —1E 8
Parkside. SW19 —7G 11
Parkside. Hamp —2J 13
Parkside Av. SW19 —2G 17
Parkside Cres. Surb —3K 21
Parkside Gdns. SW19 —1G 17
Parkside Rd. Houn —2G 7
Parkstead Rd. SW15 —2D 10
Park St. Tedd —3K 13
Park Ter. Wor Pk —5D 22
Park View. N Mald —7C 16
Parkview Ct. SW18 —2K 11
Parkville Rd. SW6 —4J 5
Park Wlk. Asht —7G 27
Parkway. SW20 —1G 23
Park Way. Felt —4A 6
Park Way. W Mol —7G 13
Parkwood Av. Esh —5H 19
Parkwood Rd. SW19 —2J 17
Parkwood Rd. Iswth —5A 2
Parliament M. SW14 —6K 3
Parr Ct. Felt —1B 12
Parrs Pl. Hamp —4F 13
Parson's Grn. SW6 —5K 5
Parson's Grn. La. SW6 —5K 5
Parsons Mead. E Mol —7H 13
Parthenia Rd. SW6 —5K 5
Partridge Rd. Hamp —3E 12
Passage, The. W6 —1F 5
Passage, The. Rich —2F 9
Passfields. W14 —2J 5 (off May St.)
Patten All. Rich —2E 8
Pauline Cres. Twic —5H 7
Paul's Pl. Asht —7J 27
Paved Ct. Rich —2E 8
Pavement, The. W5 —1F 3
Pavement, The. Iswth —7B 2 (off South St.)
Paxton Clo. Rich —6G 3
Paxton Clo. W On T —4B 18
Paxton Rd. W4 —3B 4
Paynesfield Av. SW14 —7A 4
Paynes Wlk. W6 —3H 5
Peabody Est. SW6 —3K 5 (off Lillie Rd.)
Peabody Est. W6 —2F 5
Pearce Rd. W Mol —7G 13
Pears Rd. Houn —1H 7
Pear Tree Clo. Chess —2H 25
Peek Cres. SW19 —2G 17
Pegasus Ct. King T —7E 14
Peldon Ct. Rich —2G 9
Peldon Pas. Rich —1G 9
Pelham Ho. W14 —1J 5 (off Mornington Av.)
Pelham Rd. SW19 —4K 17
Pelham's Wlk. Esh —7F 19
Pellant Rd. SW6 —4H 5
Pemberley Chase. W Ewe —2J 25
Pemberley Clo. W Ewe —2J 25
Pemberton Pl. Esh —7H 19
Pemberton Rd. E Mol —1H 19
Pembridge Av. Twic —5E 6
Pembridge Pl. SW18 —2K 11
Pembroke Av. Surb —2J 21
Pembroke Cotts. W8 —1K 5 (off Pembroke Sq.)
Pembroke Gdns. W8 —1J 5
Pembroke Gdns. Clo. W8 —1K 5
Pembroke M. W8 —1K 5
Pembroke Pl. W8 —1K 5
Pembroke Rd. W8 —1J 5
Pembroke Sq. W8 —1K 5
Pembroke Vs. W8 —1K 5
Pembroke Vs. Rich —1E 8
Pembroke Wlk. W8 —1K 5
Pembury Av. Wor Pk —5D 22
Penates. Esh —7J 19
Pendarves Rd. SW20 —5F 17
Penderel Rd. Houn —2F 7
Pennant M. W8 —1K 5
Pennards, The. Sun —7B 12
Penner Clo. SW19 —6H 11
Penrhyn Cres. SW14 —1K 9
Penrhyn Gdns. King T —1E 20
Penrhyn Rd. King T —1F 21
Penrith Clo. SW15 —2H 11
Penrith Rd. N Mald —1A 22
Pensford Av. Rich —6H 3
Pentlow St. SW15 —7F 5
Pentney Rd. SW19 —5H 17
Penwith Rd. SW18 —6K 11
Penwood Ho. SW15 —3C 10
Penywern Rd. SW5 —2K 5
Pepys Clo. Asht —6H 27
Pepys Rd. SW20 —4F 17
Percheron Clo. Iswth —7A 2
Percival Rd. SW14 —1K 9
Percival Way. Eps —1K 25
Percy Gdns. Iswth —7B 2
Percy Gdns. Wor Pk —5B 22
Percy Rd. Hamp —4F 13
Percy Rd. Iswth —1B 8
Percy Rd. Twic —5G 7
Percy Way. Twic —5H 7
Peregrine Way. SW19 —4F 17
Perham Rd. W14 —2H 5
Perran Wlk. Bren —2F 3
Perrers Rd. W6 —1E 4
Perryfield Way. Rich —7C 8
Perry How. Wor Pk —5C 22
Perrymead St. SW6 —5K 5
Perryn Ct. Twic —4B 8
Perseverance Pl. Rich —1F 9
Perseverence Pl. Rich —1F 9
Perth Clo. SW20 —6D 16
Petauel Rd. Tedd —2K 13
Peterborough M. SW6 —6K 5
Peterborough Rd. SW6 —6K 5
Peterborough Vs. SW6 —5K 5
Petersfield Rise. SW15 —5E 10
Petersham Clo. Rich —6E 8
Petersham Rd. Rich —3E 8
Peterstow Clo. SW19 —6H 11
Petley Rd. W6 —3G 5
Petters Rd. Asht —5G 27
Pettiward Clo. SW15 —1F 11
Petworth Gdns. SW20 —7E 16
Pevensey Rd. Felt —5D 6
Peveril Dri. Tedd —2J 13
Philbeach Gdns. SW5 —2K 5
Philpot Sq. SW6 —7K 5
Phipp Point. W Mol —7G 13
Phoenix Ct. Houn —2C 6
Phoenix Ho. Sutt —7K 23
Phoenix Trad. Pk. Bren —2E 2
Phyllis Av. N Mald —2E 22
Pickering Ho. W7 —1D 2 (off Windmill Rd.)
Pickwick Clo. Houn —2D 6
Pier Rd. Felt —2A 6
Pigeon La. Hamp —1F 13
Pikemans Ct. SW5 —1K 5 (off W. Cromwell Rd.)
Pilsden Clo. SW19 —5G 11
Pine Gdns. Surb —3H 21
Pine Gro. SW19 —2J 17
Pine Hill. Eps —4K 27
Pines, The. Sun —7A 12
Pine Wlk. Surb —3H 21
Pine Wood. Sun —5A 12
Pinewood Rd. Felt —7A 6
Pinkcoat Clo. Felt —7A 6
Pinkham Mans. W4 —2H 3
Piper Rd. King T —7H 15
Pirbright Rd. SW18 —5J 11
Pitt Cres. SW19 —1K 17
Planetree Ct. W6 —1G 5 (off Brook Grn.)
Plane Tree Cres. Felt —7A 6
Plantagenet Clo. Wor Pk —7A 22
Platt, The. SW15 —7G 5
Playfair Mans. W14 —3H 5 (off Queen's Club Gdns.)
Playfair St. W6 —2F 5
Pleasance Rd. SW15 —2E 10
Pleasance, The. SW15 —1E 10
Pleasure Pit Rd. Asht —7J 27
Plevna Rd. Hamp —5G 13
Pleydell Av. W6 —1C 4
Ploughmans End. Iswth —2J 7
Plum Garth. Bren —1E 2
Pointers Cotts. Rich —6D 8
Point Pleasant. SW18 —1K 11
Polesden Gdns. SW20 —6E 16
Pond Pl. Asht —6F 27
Pond Way. Tedd —3D 14
Ponsonby Rd. SW15 —4E 10
Pool Clo. W Mol —2E 18
Poole Rd. Eps —3K 25
Pooles Cotts. Rich —6E 8
Pool Rd. W Mol —2E 18
Popes Av. Twic —6K 7
Popes Ct. Twic —6K 7
Popes Gro. Twic —6A 8
Popes La. W5 —1E 2
Popham Clo. Felt —7E 6
Popham Gdns. Rich —7H 3
Poplar Ct. SW19 —2K 17
Poplar Cres. Eps —3K 25
Poplar Farm Clo. Eps —3K 25
Poplar Gdns. N Mald —6A 16
Poplar Gro. N Mald —6A 16
Poplar Rd. SW19 —6K 17
Poplar Rd. Sutt —5J 23
Poplar Rd. S. SW19 —7K 17
Poplar Way. Felt —7A 6
Porchester Rd. King T —6J 15
Porten Rd. W14 —1H 5
Portinscale Rd. SW15 —2H 11
Portland Av. N Mald —4C 22
Portland Rd. King T —7F 15
Portland Ter. Rich —1E 8
Portman Av. SW14 —7A 4
Portman Rd. King T —6G 15
Portsmouth Av. Th Dit —4B 20
Portsmouth Rd. SW15 —4E 10
Portsmouth Rd. King T —1E 20
Portsmouth Rd. Th Dit & Surb —6K 19
Portswood Pl. SW15 —3C 10
Portugal Gdns. Twic —6H 7
Post La. Twic —5J 7
Post Office All. Hamp —6G 13
Potterne Clo. SW19 —4G 11
Potters Gro. N Mald —1K 21
Pottery Rd. Bren —3F 3
Poulett Gdns. Twic —5B 8
Pound Clo. Surb —5D 20
Pound Ct. Asht —7G 27
Pound La. Eps —1K 27
Powder Mill La. Twic —5E 6
Powell Clo. Chess —3E 24
Powell's Wlk. W4 —3B 4
Power Rd. W4 —1H 3
Powers Ct. Twic —4E 8
Pownall Gdns. Houn —1G 7
Pownall Rd. Houn —1G 7
Pratts Pas. King T —6F 15
Prebend Gdns. W6 & W4 (in two parts) —1C 4
Prebend Mans. W4 —1C 4 (off Chiswick High Rd.)
Precincts, The. Mord —3K 23
Precinct, The. W Mol —7G 13
Premier Pl. SW15 —1H 11
Prentice Ct. SW19 —2J 17
Presburg Rd. N Mald —2B 22
Preston Clo. Twic —7K 7
Preston Ct. W on T —5B 18
Preston Gro. Asht —6D 26
Preston Pl. Rich —2F 9
Preston Rd. SW20 —4C 16
Price Way. Hamp —3D 12
Priest's Bri. SW14 & SW15 —7B 4
Prince George's Av. SW20 —6F 17
Prince of Wales Ter. W4 —2B 4
Princes Av. Surb —5H 21
Princes Av. W3 —1H 3
Prince's Clo. Tedd —1J 13
Princes Rd. SW14 —7A 4
Prince's Rd. SW19 —3K 17
Princes Rd. Kew —5G 3
Princes Rd. King T —4H 15
Princes Rd. Rich —2G 9
Prince's Rd. Tedd —1J 13
Princes St. Rich —1F 9
Princes Way. SW19 —4G 11
Princeton Ct. SW15 —7G 5
Princeton M. King T —5H 15
Priory Av. W4 —1B 4
Priory Clo. Hamp —5E 12
Priory Clo. Sun —4A 12
Priory Clo. W On T —7A 18
Priory Gdns. SW13 —7C 4
Priory Gdns. W4 —1B 4
Priory Gdns. Hamp —4E 12
Priory La. SW15 —3B 10
Priory La. Rich —4H 3
Priory La. W Mol —1G 19
Priory Pl. W On T —7A 18
Priory Rd. W4 —1A 4
Priory Rd. Chess —7F 21
Priory Rd. Hamp —4E 12
Priory Rd. Houn —2H 7
Priory Rd. Rich —3H 3
Priory Ter. Sun —4A 12
Promenade App. Rd. W4 —4B 4
Promenade, The. W4 —5B 4
Prospect Cotts. SW18 —1K 11
Prospect Cres. Twic —3H 7
Prospect Pl. W4 —2A 4
Prospect Quay. SW18 —1K 11 (off Point Pleasant)
Prospect Rd. Surb —3D 20
Prothero Rd. SW6 —4H 5
Pulborough Rd. SW18 —4J 11
Pulborough Way. Houn —1B 6
Pullman Gdns. SW15 —3F 11
Pulton Pl. SW6 —4K 5
Pump All. Bren —4E 2
Pumping Sta. Rd. W4 —4B 4
Purbeck Av. N Mald —3C 22
Purcell Cres. SW6 —4H 5
Purcell's Clo. Asht —7G 27
Purdey Ct. Wor Pk —5D 22
Pursers Cross Rd. SW6 —5J 5
Putney Bri. SW15 & SW6 —7H 5
Putney Bri. App. SW6 —7H 5
Putney Bri. Rd. SW15 & SW18 —1H 11
Putney Comn. SW15 —7F 5
Putney Exchange Shop. Cen. SW15 —1G 11
Putney Heath. SW15 —4E 10
Putney Heath La. SW15 —3G 11
Putney High St. SW15 —1G 11
Putney Hill. SW15 —4G 11 (in two parts)
Putney Pk. Av. SW15 —1D 10
Putney Pk. La. SW15 —1E 10
Pylbrook Rd. Sutt —7K 23
Pyne Rd. Surb —5H 21
Pyrland Rd. Rich —3G 9
Pyrmont Rd. W4 —3H 3

Quadrant Rd. Rich —1E 8
Quadrant, The. SW20 —5H 17
Quadrant, The. Rich —1F 9
Quakers La. Iswth —4A 2
Quantock Dri. Wor Pk —6F 23
Quarrendon St. SW6 —6K 5
Queen Alexandra's Ct. SW19 —2J 17
Queen Anne Dri. Clay —4A 24
Queen Anne's Clo. Twic —7J 7
Queen Anne's Gdns. W4 —1B 4
Queen Anne's Gro. W4 —1B 4
Queen Caroline St. W6 —1F 5
Queen Elizabeth Gdns. Mord —1K 23
Queen Elizabeth Rd. King T —6G 15
Queen Elizabeth Wlk. SW13 —5D 4
Queen Mary Av. Mord —2G 23
Queen Mary Clo. Surb —7J 21
Queens Av. Felt —1A 12
Queensbridge Pk. Iswth —2K 7
Queensbury Ho. Rich —2E 8
Queen's Club Gdns. W14 —3H 5

42 A-Z Richmond & Kingston

Queens Ct.—Royston Rd.

Queens Ct. Rich —3G 9
Queen's Cres. Rich —2G 9
Queen's Dri. Surb —4H 21
Queen's Dri. Th Dit —3B 20
Queensfield Ct. Sutt —7F 23
Queens Ga. Gdns. SW15 —1E 10
Queens Ho. Tedd —3A 14
Queens Keep. Twic —3D 8
Queensland Av. SW19 —5K 17
Queensmere Clo. SW19 —6G 11
Queensmere Ct. SW13 —3C 4
Queensmere Rd. SW19 —6G 11
Queensmill Rd. SW6 —4G 5
Queens Pl. Mord —1K 23
Queen's Promenade. King T —1E 20
Queens Reach. E Mol —1K 19
Queens Reach. King T —6E 14
Queens Ride. SW13 & SW15 —7D 4
Queens Rise. Rich —3G 9
Queen's Rd. SW14 —7A 4
Queens Rd. SW19 —3J 17
Queen's Rd. Felt —5A 6
Queen's Rd. Hamp —1G 13
Queens Rd. King T —4H 15
Queens Rd. Mord —1K 23
Queens Rd. N Mald —1C 22
Queen's Rd. Rich —4G 9
Queen's Rd. Tedd —3A 14
Queen's Rd. Th Dit —2A 20
Queens Rd. Twic —5B 8
Queens Ter. Iswth —1B 8
Queens Way. Felt —1B 12
Queensway. Sun —6A 12
Queens Wharf. W6 —2F 5
Queenswood Av. Hamp —3G 13
Queen Victoria. (Junct.) —7F 23
Quennell Clo. Asht —7G 27
Quick Rd. W4 —2B 4
Quill La. SW15 —1G 11
Quintin Av. SW20 —5J 17
Quinton Rd. Th Dit —5B 20

Raby Rd. N Mald —1A 22
Racton Rd. SW6 —3K 5
Radbourne Av. W5 —1D 2
Radcliffe M. Hamp —2H 13
Radcliffe Sq. SW15 —3G 11
Radipole Rd. SW6 —5J 5
Radley M. W8 —1K 5
Radnor Gdns. Twic —6A 8
Radnor Rd. Twic —5A 8
Radnor Ter. W14 —1J 5
Raeburn Av. Surb —5J 21
Raeburn Clo. King T —4E 14
Raglan Clo. Houn —2E 6
Railshead Rd. Iswth —1C 8
Railway App. Twic —4B 8
Railway Cotts. SW19 —1K 17
Railway Cotts. Twic —3F 7
Railway Pas. Tedd —3B 14
Railway Pl. SW19 —3J 17
Railway Rd. Tedd —1K 13
Railway Side. SW13 —7C 4
Railway Ter. Felt —5A 6
Rainville Rd. W6 —3F 5
Raleigh Dri. Surb —5K 21
Raleigh Rd. Rich —7G 3
Raleigh Way. Felt —2B 12
Ramillies Rd. W4 —1A 4
Ram Pas. King T —6E 14
Ram St. SW18 —2K 11
Randle Rd. Rich —1D 14
Randolph Clo. King T —2K 15
Ranelagh Av. SW6 —7J 5
Ranelagh Av. SW13 —6D 4
Ranelagh Dri. Twic —2C 8
Ranelagh Gdns. SW6 —7H 5
Ranelagh Gdns. W4 —4K 3
Ranelagh Gdns. W6 —1C 4
Ranelagh Gdns. Mans. SW6 (off Ranelagh Gdns.) —7H 5
Ranelagh Pl. N Mald —2B 22
Ranfurly Rd. Sutt —6K 23
Rannoch Rd. W6 —3F 5
Ranyard Clo. Chess —7G 21
Ravenna Rd. SW15 —2G 11
Ravensbourne Rd. Twic —3D 8
Ravensbury Rd. SW18 —6K 11
Ravenscar Rd. Surb —6G 21
Ravenscourt Av. W6 —1D 4
Ravenscourt Gdns. W6 —1D 4
Ravenscourt Pk. W6 —1D 4
Ravenscourt Pk. Mans. W6 —1E 4 (off Paddenswick Rd.)
Ravenscourt Pl. W6 —1E 4
Ravenscourt Rd. W6 —1E 4
Ravenscourt Sq. W6 —1D 4
Ravenscroft Rd. W4 —1K 3
Ravensmede Way. W4 —1C 4
Ravenswood Av. Surb —6G 21
Ravenswood Ct. King T —3J 15
Rawchester Clo. SW18 —5J 11
Rawsthorne Ct. Houn —1E 6
Raybell Ct. Iswth —6B 2
Ray Clo. Chess —3D 24
Rayleigh Av. Tedd —3K 13
Rayleigh Ct. King T —6H 15
Rayleigh Rd. SW19 —5J 17
Raymond Rd. SW19 —3H 17
Raymond Way. Clay —3B 24
Rayners Rd. SW15 —2H 11
Raynes Pk. Bri. SW20 —6F 17
Raynham Rd. W6 —1E 4
Ray Rd. W Mol —2G 19
Read Rd. Asht —6E 26
Reapers Way. Iswth —2J 7
Reckitt Rd. W4 —2B 4
Rectory Clo. SW20 —7F 17
Rectory Clo. Asht —7G 27
Rectory Clo. Surb —5D 20
Rectory Ct. Felt —1B 12
Rectory Gro. Hamp —1E 12
Rectory La. Asht —7G 27
Rectory La. Surb —5C 20
Rectory Orchard. SW19 —1H 17
Rectory Rd. SW13 —6D 4
Rectory Rd. Sutt —7K 23
Redcliffe Clo. SW5 —2K 5
Redclose Av. Mord —2K 23
Redenham Ho. SW15 —4D 10 (off Tangley Gro.)
Redesdale Gdns. Iswth —4B 2
Redfern Av. Houn —4F 7
Redfield La. SW5 —1K 5
Redfield M. SW5 —1K 5
Redgate Ter. SW15 —3G 11
Redgrave Rd. SW15 —7G 5
Red Ho. La. W on T —6A 18
Redland Gdns. W Mol —1E 18
Redlands. Tedd —3B 14
Red La. Clay —3B 24
Redlees Clo. Iswth —1B 8
Red Lion Bus. Pk. Surb —7G 21
Red Lion Rd. Surb —6G 21
Red Lion Sq. SW18 —2K 11
Red Lion St. Rich —2E 8
Redmore Rd. W6 —1E 4
Red Rover. (Junct.) —1D 10
Redway Dri. Twic —4H 7
Redwood Ct. Surb —4E 20
Redwoods. SW15 —5D 10
Redwood Wlk. Surb —5E 20
Regatta Ho. Tedd —1B 14
Regency Clo. Hamp —2E 12
Regency Ct. Tedd —3C 14
Regency Gdns. W On T —5B 18
Regency M. Iswth —2K 7
Regency Wlk. Rich —2F 9 (off Grosvenor Av.)
Regent Rd. Surb —2G 21
Regent St. W4 —2H 3
Reigate Av. Sutt —5K 23
Relko Ct. Eps —7K 25
Rembrandt Way. W On T —6A 18
Renfrew Rd. King T —4J 15
Renmans, The. Asht —5G 27
Rennels Way. Iswth —6A 2
Replingham Rd. SW18 —5J 11
Reporton Rd. SW6 —4H 5
Restormel Clo. Houn —2F 7
Retreat Rd. Rich —2E 8
Retreat, The. SW14 —7B 4
Retreat, The. Surb —3G 21
Retreat, The. Wor Pk —7E 22
Reubens Ct. W4 —2J 3 (off Chaseley Dri.)
Revell Rd. King T —6J 15
Revelstoke Rd. SW18 —6J 11
Reynard Mills Trad. Est. Bren —2D 2
Reynolds Av. Chess —4F 25
Reynolds Pl. Rich —3G 9
Reynolds Rd. N Mald —4A 22
Rhodesmoor Ho. Ct. Mord —3K 23
Rhodrons Av. Chess —2F 25
Ricards Rd. SW19 —2J 17
Richbell Clo. Asht —7E 26
Richmond Av. SW20 —5H 17
Richmond Bri. Twic & Rich —3E 8
Richmond Circus. (Junct.) —1F 9
Richmond Cotts. W14 —1H 5 (off Hammersmith Rd.)
Richmond Gro. Surb —3G 21
Richmond Hill. Rich —3F 9
Richmond Hill Ct. Rich —3F 9
Richmond Mans. Twic —3E 8
Richmond M. Tedd —2A 14
Richmond Pde. Twic —3D 8 (off Richmond Rd.)
Richmond Pk. Rd. SW14 —2K 9
Richmond Pk. Rd. King T —4F 15
Richmond Rd. SW20 —5E 16
Richmond Rd. Iswth —7B 2
Richmond Rd. King T —2E 14
Richmond Rd. Twic —4C 8
Rickards Clo. Surb —5F 21
Rickett St. SW6 —3K 5
Ride, The. Bren —1D 2
Ridge Rd. Sutt —5H 23
Ridge, The. Eps —7K 27
Ridge, The. Surb —2H 21
Ridge, The. Twic —4J 7
Ridgeway. Eps —1K 27
Ridge Way. Felt —7D 6
Ridgeway. Rich —3F 9
Ridgeway Rd. Iswth —5A 2
Ridgway. SW19 —4F 17
Ridgway Ct. SW19 —3G 17
Ridgway Gdns. SW19 —4G 17
Ridgway Pl. SW19 —3H 17
Ridings, The. Asht —6E 26
Ridings, The. Surb —2H 21
Ridley Av. W13 —1C 2
Rigault Rd. SW6 —6H 5
Ringford Rd. SW18 —2J 11
Ringmer Av. SW6 —5H 5
Ringmore Rd. W On T —7B 18
Ringwood Gdns. SW15 —5D 10
Ringwood Way. Hamp —1F 13
Ripley Gdns. SW14 —7A 4
Ripley Rd. Hamp —4F 13
Ripon Gdns. Chess —2E 24
Risborough Dri. Wor Pk —4D 22
River Av. Th Dit —4B 20
River Bank. E Mol —7K 13
River Bank. Th Dit —2A 20
River Bank. W Mol —7F 13
Riverbank Way. Bren —3D 2
River Brent Bus. Pk. W7 —1A 2
Rivercourt Rd. W6 —1E 4
River Crane Way. Felt —6E 6
Riverdale Gdns. Twic —3D 8
Riverdale Rd. Felt —1D 12
Riverdale Rd. Twic —3D 8
River Gdns. Felt —2A 6
River Gdns. Bus. Cen. Felt —2A 6
Riverhill. Wor Pk —6A 22
River La. Rich —5E 8
Rivermead. King T —2E 20
Rivermead Clo. Tedd —2C 14
Rivermead Ct. SW6 —7J 5
River Meads Av. Twic —7F 7
Rivernook Clo. W On T —2B 18
River Reach. Tedd —2D 14
Riversdale Rd. Th Dit —2B 20
Riverside. Rich —2E 8
Riverside. Sun —6C 12
Riverside. Twic —5C 8
Riverside Av. E Mol —2J 19
Riverside Av. Rich —5F 3
Riverside Bus. Cen. SW18 —5K 11
Riverside Bus. Cen. Iswth —1C 8
Riverside Clo. King T —1E 20
Riverside Ct. Iswth —6A 2 (off Woodlands Rd.)
Riverside Dri. W4 —4A 4
Riverside Dri. Rich —6C 8
Riverside Gdns. W6 —2E 4
Riverside, The. E Mol —7J 13
Riverside Wlk. SW6 —7H 5
Riverside Wlk. W4 —3C 4
Riverside Wlk. Iswth —7A 2
Riverside Wlk. King T —7E 14
River Ter. W6 —2F 5
Riverview Gdns. SW13 —3E 4
River View Gdns. Twic —6A 8
Riverview Gro. W4 —3J 3
Riverview Rd. W4 —4J 3
Riverview Rd. Eps —1K 25
River Wlk. W6 —4F 5
River Wlk. W On T —3A 18
River Way. Twic —6G 7
Robert Owen Ho. SW6 —5G 5
Robin Clo. Hamp —2D 12
Robin Gro. Bren —3D 2
Robin Hood. (Junct.) —7B 10
Robin Hood La. SW15 —1B 16
Robin Hood Rd. SW19 & SW15 —2D 16
Robin Hood Way. SW15 & SW20 —7B 10
Robinwood Pl. SW15 —1A 16
Rochester M. W5 —1D 2
Rock Av. SW14 —7A 4
Rockingham Clo. SW15 —1C 10
Rockland Rd. SW15 —1H 11
Rocks La. SW13 —5D 4
Rocque Ho. SW6 —4J 5 (off Estcourt Rd.)
Rodney Clo. N Mald —2B 22
Rodney Clo. W On T —5B 18
Rodney Grn. W On T —6B 18
Rodney Rd. N Mald —2B 22
Rodney Rd. Twic —3F 7
Rodney Rd. W On T —6B 18
Rodway Rd. SW15 —4D 10
Roebuck Clo. Felt —1A 12
Roebuck Rd. Chess —2H 25
Roedean Cres. SW15 —3B 10
Roehampton Clo. SW15 —1D 10
Roehampton Ga. SW15 —3B 10
Roehampton High St. SW15 —4D 10
Roehampton La. SW15 —1D 10
Roehampton Lane. (Junct.) —5E 10
Roehampton Vale. SW15 —7C 10
Rokeby Pl. SW20 —4E 16
Roland Way. Wor Pk —6C 22
Rollesby Rd. Chess —3H 25
Rollit Cres. Houn —2F 7
Roman Clo. Felt —2B 6
Roman Rd. W4 —1C 4
Romany Gdns. Sutt —4K 23
Roma Read Clo. SW15 —4E 10
Romily Ct. SW6 —6H 5
Romney Clo. Chess —1F 25
Romney Rd. N Mald —3A 22
Romulus Ct. Bren —4E 2
Ronelean Rd. Surb —7G 21
Rookeries Clo. Felt —7B 6
Rookery Hill. Asht —7H 27
Rookwood Av. N Mald —1D 22
Rope Wlk. Sun —7B 12
Rosaline Rd. SW6 —4H 5
Rosaville Rd. SW6 —4J 5
Rosebank. Eps —3K 27
Rosebank Clo. Tedd —3B 14
Roseberry Av. N Mald —6C 16
Rosebery Clo. Mord —3G 23
Rosebery Rd. Houn —2H 7
Rosebery Rd. King T —6J 15
Rosebery Sq. King T —6J 15
Rosebine Av. Twic —4J 7
Rosecroft Gdns. Twic —5J 7
Rose & Crown Pas. Iswth —5B 2
Rosedale. Asht —7D 26
Rosedale Rd. Rich —1F 9
Rosedale Ter. W6 —1E 4 (off Dalling Rd.)
Rosedene Av. Mord —2K 23
Rosedew Rd. W6 —3G 5
Rose End. Wor Pk —5G 23
Roseheath Rd. Houn —2E 6
Rosehill. Clay —3B 24
Rosehill. Hamp —5F 13
Roseleigh Clo. Twic —3E 8
Rosemary Av. W Mol —7F 13
Rosemary Gdns. SW14 —7K 3
Rosemary Gdns. Chess —1F 25
Rosemary La. SW14 —7K 3
Rosemont Rd. N Mald —7K 15
Rosemont Rd. Rich —3F 9
Roseville Av. Houn —2F 7
Rosevine Rd. SW20 —5F 17
Rose Wlk. Surb —2J 21
Rosewood. Th Dit —6B 20
Roskell Rd. SW15 —7G 5
Rossdale Rd. SW15 —1F 11
Rossindel Rd. Houn —2F 7
Rosslyn Av. SW13 —7B 4
Rosslyn Av. Felt —3A 6
Rosslyn Rd. Twic —3D 8
Ross Rd. Twic —5G 7
Rostrevor M. SW6 —5J 5
Rostrevor Rd. SW6 —5J 5
Rostrevor Rd. SW19 —2K 17
Rothbury Gdns. Iswth —4B 2
Rotherwood Clo. SW20 —5H 17
Rotherwood Rd. SW15 —7G 5
Rothesay Av. SW20 —6H 17
Rothesay Av. Rich —1J 9
Rothschild Rd. W4 —1K 3
Rougemont Av. Mord —3K 23
Roundacre. SW19 —6G 11
Roundway, The. Clay —3A 24
Rowallan Rd. SW6 —4H 5
Rowan Clo. N Mald —6B 16
Rowan Rd. W6 —1G 5
Rowan Rd. Bren —4C 2
Rowan Ter. W6 —1G 5 (off Rowan Rd.)
Rowberry Clo. SW6 —4F 5
Rowden Rd. Eps —1J 25
Rowhurst Av. Lea —6A 26
Rowlls Rd. King T —7G 15
Rowntree Rd. Twic —5K 7
Roxborough Av. Iswth —4A 2
Roxby Pl. SW6 —3K 5
Royal Av. Wor Pk —6B 22
Royal Clo. Wor Pk —6B 22
Royal Gdns. W7 —1B 2
Royal Orchard Clo. SW18 —4H 11
Royal Pde. SW6 —4H 5
Royal Pde. Rich —5H 3
Royal Rd. Tedd —2J 13
Roydon Ct. W on T —7A 18
Roy Gro. Hamp —3G 13
Roymount Ct. Twic —7K 7
Royston Clo. W On T —5A 18
Royston Ct. Hin W —6A 20
Royston Ct. Rich —5G 3
Royston Rd. Rich —2F 9

A-Z Richmond & Kingston 43

Roystons, The—Shire Horse Way

Roystons, The. Surb —2J 21
Rugby Rd. Twic —2K 7
Rumsey Clo. Hamp —3E 12
Running Horse Yd. Bren —3F 3
Runnymede Clo. Twic —3G 7
Runnymede Ct. SW15 —5D 10
Runnymede Gdns. Twic —3G 7
Runnymede Rd. Twic —3G 7
Rupert Ct. W Mol —1F 19
(off St Peters Rd.)
Rupert Rd. W4 —1B 4
Rushbury Ct. Hamp —5F 13
Rushett Clo. Th Dit —5C 20
Rushett La. Chess & Eps —7D 24
Rushett Rd. Th Dit —4C 20
Rushey Clo. N Mald —1A 22
Rushmead. Rich —7C 8
Rushmere Ct. Wor Pk —6D 22
Rushmere Pl. SW19 —2G 17
Rushmon Gdns. W On T —6A 18
Rusholme Rd. SW15 —3G 11
Rush, The. SW19 —6J 17
(off Kingston Rd.)
Ruskin Av. Rich —4H 3
Ruskin Dri. Wor Pk —6E 22
Ruskin Mans. W14 —3H 5
(off Queen's Club Gdns.)
Ruskin Rd. Iswth —7A 2
Russell Clo. W4 —3C 4
Russell Gdns. Rich —6D 8
Russell Kerr Clo. W4 —4K 3
Russell Rd. SW19 —4K 17
Russell Rd. W14 —1H 5
Russell Rd. Twic —3A 8
Russell Rd. W On T —3A 18
Russell Wlk. Rich —3G 9
Russell Yd. SW15 —1H 11
Russet Clo. W On T —7D 18
Rusthall Av. W4 —1A 4
Rustington Wlk. Mord —4J 23
Ruston Av. Surb —4J 21
Ruthen Clo. Eps —3J 27
Rutland Clo. SW14 —7J 3
Rutland Clo. Asht —6F 27
Rutland Clo. Chess —3G 25
Rutland Dri. Mord —3J 23
Rutland Dri. Rich —5F 9
Rutland Gro. W6 —2E 4
Rutland Rd. Twic —6J 7
Rutlish Rd. SW19 —5K 17
Ruvigny Gdns. SW15 —7G 5
Ruxley Clo. Eps —2J 25
Ruxley Ct. Wor Pk —2K 25
Ruxley Cres. Clay —3C 24
Ruxley La. Eps —3J 25
Ruxley M. Eps —2J 25
Ruxley Ridge. Clay —4B 24
Ruxley Towers. Clay —4B 24
Ryan Dri. Bren —3B 2
Rydal Gdns. SW15 —2B 16
Rydal Gdns. Houn —3G 7
Rydens Av. W On T —6A 18
Rydens Clo. W on T —6B 18
Rydens Gro. W on T —7C 18
Rydens Pk. W On T —6C 18
Rydens Rd. W On T —7A 18
Ryde Pl. Twic —3E 8
Ryebridge Clo. Lea —7B 26
Ryebrook Rd. Lea —7B 26
Ryecroft Av. Twic —4G 7
Ryecroft St. SW6 —5K 5
Ryefield Path. SW15 —5D 10
Ryelands Ct. Lea —7B 26
Rye Wlk. SW15 —2G 11
Ryfold Rd. SW19 —7K 11
Rylston Rd. SW6 —3J 5
Rythe Ct. Th Dit —4B 20

Saddlers M. Hamp W —6D 14
Sadlers Ride. W Mol —7G 13
Saffron Way. Surb —5E 20
St Agatha's Dri. King T —3G 15
St Alban's Av. W4 —1A 4
St Albans Av. Felt —2C 12
St Alban's Gdns. Tedd —2B 14
St Alban's Rd. King T —3F 15
St Alban's Ter. W6 —3H 5
St Andrews Mans. W14 —3H 5
(off St Andrews Rd.)
St Andrew's Rd. W14 —3H 5
St Andrew's Rd. Surb —3E 20
St Andrew's Sq. Surb —3E 20
St Anne's Pas. SW13 —7B 4
St Ann's Rd. SW13 —6C 4
St Aubyn's Av. SW19 —2J 17
St Aubyn's Av. Houn —2F 7
St Barnabas Gdns. W Mol —2F 19
St Catherine's Ct. W4 —1B 4
St Chads Clo. Surb —4D 20
St Clair Dri. Wor Pk —7E 22
St Clare Bus. Pk. Hamp —3H 13
St Clements Mans. SW6
(off Lillie Rd.) —3G 5
St Dionis Rd. SW6 —6J 5
St Dunstan's Hill. Sutt —7J 23
St Dunstan's Rd. W6 —2G 5
St Edith Clo. Eps —3K 27
St Edmund's La. Twic —4G 7
St Elizabeth Dri. Eps —3K 27
St George's Ct. SW15 —1J 11
St George's Gdns. Surb —6J 21
St George's Ind. Est. King T —2E 14
St George's Pl. Twic —5B 8
St George's Rd. SW19 —3J 17
(in two parts)
St George's Rd. Felt —1C 12
St George's Rd. King T —4H 15
St Georges Rd. Rich —7G 3
St George's Rd. Twic —2C 8
St George's Sq. N Mald —7B 16
St Helens. Th Dit —4A 20
St Helier's Av. Houn —2F 7
St Hilda's Rd. SW13 —3E 4
St James Clo. N Mald —2C 22
St James Ct. Asht —6E 26
St James' Rd. King T —6E 14
St James's Av. Hamp —2H 13
St James's Cotts. Rich —2E 8
St James's Ct. King T —7F 15
St James's Rd. Hamp —2G 13
St James's Rd. Surb —3E 20
St James St. W6 —2F 5
St John's Av. SW15 —2G 11
St John's Clo. SW6 —4K 5
St John's Ct. W6 —1E 4
(off Glenthorne Rd.)
St John's Ct. Iswth —6A 2
St John's Dri. W On T —5B 18
St John's Gro. SW13 —6C 4
St John's Gro. Rich —1F 9
St John's Pas. SW19 —3H 17
St John's Rd. SW19 —4H 17
St John's Rd. E Mol —1J 19
St John's Rd. Felt —1D 12
St John's Rd. Iswth —6A 2
St John's Rd. King T —6D 14
St John's Rd. N Mald —7K 15
St John's Rd. Rich —1F 9
St John's Rd. Sutt —6K 23
St Lawrence Bus. Cen. Twic —6A 6
St Leonard's Rd. SW14 —7J 3
St Leonard's Rd. Clay —3A 24
St Leonard's Rd. Surb —2E 20
St Leonard's Rd. Th Dit —3B 20
St Leonards Sq. Surb —2E 20
St Luke's Pas. King T —5G 15
St Margaret Dri. Eps —3K 27
St Margaret's Av. Sutt —7H 23
St Margarets Bus. Cen. Twic —3C 8
St Margaret's Cres. SW15 —2E 10
St Margaret's Dri. Twic —2C 8
St Margaret's Gro. Twic —3B 8
St Margaret's La. W8 —1K 5
St Margarets Rd. Iswth & Twic —1C 8
St Mark's Hill. Surb —3F 21
St Mark's Pl. SW19 —3J 17
St Mark's Rd. Tedd —4C 14
St Martin's Dri. W On T —7B 18
St Mary Abbot's Ct. W14
(off Warwick Gdns.) —1J 5
St Mary Abbot's Pl. W8 —1J 5
St Mary Abbot's Ter. W14 —1J 5
St Mary's Av. Tedd —3A 14
St Mary's Clo. Chess —4G 25
St Mary's Gro. SW13 —7E 4
St Mary's Gro. W4 —3J 3
St Mary's Gro. Rich —1G 9
St Marys M. Rich —6D 8
St Mary's Rd. SW19 —2H 17
St Mary's Rd. Dit H —4D 20
St Mary's Rd. E Mol —2J 19
St Mary's Rd. Surb —3E 20
St Mary's Rd. Wor Pk —6B 22
St Matthew's Av. Surb —5F 21
St Maur Rd. SW6 —5J 5
St Michael's Clo. W On T —6B 18
St Michael's Clo. Wor Pk —6C 22
St Nicholas Rd. Th Dit —3A 20
St Olaf's Rd. SW6 —4H 5
St Paul's Clo. Chess —1E 24
St Paul's Rd. Bren —3E 2
St Paul's Rd. Rich —7G 3
St Paul's Studios. W14 —2H 5
(off Talgarth Rd.)
St Paul's Wlk. King T —4H 15
St Peters Ct. W Mol —1F 19
St Peter's Gro. W6 —1D 4
St Peter's Rd. W6 —2D 4
St Peter's Rd. King T —6H 15
St Peter's Rd. Twic —2C 8
St Peter's Rd. W Mol —1F 19
St Peter's Sq. W6 —1C 4
St Peter's Ter. SW6 —4J 5
St Peter's Vs. W6 —1D 4
St Peter's Wharf. W4 —2D 4
St Philip's Av. Wor Pk —6E 22
St Phillips Rd. Surb —3E 20
St Simon's Av. SW15 —2F 11
St Stephen's Av. Asht —5F 27
St Stephen's Gdns. SW15 —2J 11
St Stephen's Gdns. Twic —3D 8
St Stephen's Pas. Twic —3D 8
St Stephen's Rd. Houn —3F 7
St Theresa Clo. Eps —3K 27
St Thomas Clo. Surb —5G 21
St Thomas Rd. W4 —3K 3
St Thomas's Way. SW6 —4J 5
St Vincent Rd. Twic —3H 7
St Vincent Rd. W On T —7A 18
St Winifred's Rd. Tedd —3C 14
Salamander Clo. King T —2D 14
Salamander Quay. King T —5E 14
Salcombe Dri. Mord —5G 23
Salisbury Clo. Wor Pk —7C 22
Salisbury Gdns. SW19 —4H 17
Salisbury M. SW6 —4J 5
Salisbury Pas. SW6 —4J 5
(off Dawes Rd.)
Salisbury Rd. SW19 —4H 17
Salisbury Rd. Felt —5B 6
Salisbury Rd. Houn —1B 6
Salisbury Rd. N Mald —7A 16
Salisbury Rd. Rich —1F 9
Salisbury Rd. Wor Pk —7A 22
Salix Clo. Sun —4A 12
Salliesfield. Twic —3J 7
Salmons Rd. Chess —3F 25
Salvin Rd. SW15 —7G 5
Samels Ct. W6 —2D 4
Samuel Lewis Trust Dwellings. SW6 —4K 5
(off Vanston Pl.)
Samuel Lewis Trust Dwellings.
(off Lisgar Ter.) W14 —1J 5
Samuel's Clo. W6 —1F 5
Sanctuary, The. Mord —3K 23
Sandal Rd. N Mald —2A 22
Sandalwood Rd. Felt —7A 6
Sandbourne Av. SW19 —6K 17
Sanders Clo. Hamp —2H 13
Sandes Pl. Lea —7B 26
Sandhurst Av. Surb —4J 21
Sandiford Rd. Sutt —6J 23
Sandon Clo. Esh —4J 19
Sandown Ga. Esh —6J 19
Sandown Ind. Pk. Esh —6F 19
Sandown Rd. Esh —7H 19
Sandpits Rd. Rich —6E 8
Sandra Clo. Houn —2G 7
Sandringham Av. SW20 —5H 17
Sandringham Clo. SW19 —4G 11
Sandringham Rd. Wor Pk —7D 22
Sandycombe Rd. Felt —5A 6
Sandycombe Rd. Rich —7G 3
Sandycoombe Rd. Twic —3D 8
Sandy La. Rich —6D 8
Sandy La. Tedd & King T —4B 14
Sandy La. W On T —3A 18
Sanger Av. Chess —2F 25
Santos Rd. SW18 —2K 11
Sarjant Path. SW19 —6G 11
(off Blincoe Clo.)
Savile Clo. N Mald —2B 22
Saville Rd. Twic —5A 8
Savill Gdns. SW20 —7D 16
Savona Clo. SW19 —4G 17
Sawkins Clo. SW19 —6H 11
Sawyers Hill. Rich —4G 9
Saxon Av. Felt —6D 6
Saxonbury Av. Sun —7A 12
Saxonbury Gdns. Surb —5D 20
Saxon Clo. Surb —3E 20
Saxon Ho. Felt —6E 6
Saxon Rd. W On T —6C 18
Sayer's Wlk. Rich —4G 9
Scarsdale Vs. W8 —1K 5
Scarth Rd. SW13 —7C 4
School All. Twic —5B 8
School Ho. La. Tedd —4C 14
School La. King T —5D 14
School La. Surb —5H 21
School Pas. King T —6G 15
School Rd. E Mol —1J 19
School Rd. Hamp —3H 13
School Rd. King T —5D 14
School Rd. Av. Hamp —3H 13
Schubert Rd. SW15 —2J 11
Scilly Isles. (Junct.) —6K 19
Scott Clo. Eps —2K 25
Scott Farm Clo. Th Dit —5C 20
Scotts Dri. Hamp —4G 13
Scotts Farm Rd. Eps —3K 25
Seaforth Av. N Mald —2E 22
Seaforth Gdns. Eps —7C 22
Seagrave Lodge. SW6 —3K 5
(off Seagrave Rd.)
Seagrave Rd. SW6 —3K 5
Seaton Clo. SW15 —5E 10
Seaton Clo. Twic —3J 7
Seaton Rd. Twic —3H 7
Second Av. SW14 —7B 4
Second Av. W On T —3A 18
Second Clo. W Mol —1H 19
Second Cross Rd. Twic —6K 7
Sedleigh Rd. SW18 —3J 11
Sedlescombe Rd. SW6 —3K 5
Seething Wells La. Surb —3D 20
Sefton St. SW15 —7F 5
Sega Ho. SW5 —1K 5
(off Cromwell Rd.)
Sekhon Ter. Felt —7F 7
Selborne Rd. N Mald —6B 16
Selbourne Av. Surb —6G 21
Selby Clo. Chess —4F 25
Selhurst Clo. SW19 —5G 11
Selkirk Rd. Twic —6H 7
Selsdon Clo. Surb —2F 21
Selwood Rd. Chess —1E 24
Selwood Rd. Sutt —5J 23
Selwyn Av. Rich —7F 3
Selwyn Clo. Houn —1D 6
Selwyn Rd. N Mald —2A 22
Senhouse Rd. Sutt —7G 23
Sergeant Ind. Est. SW18 —3K 11
Servite Ho. Wor Pk —6C 22
(off Avenue, The.)
Servius Ct. Bren —4E 2
Settrington Rd. SW6 —6K 5
Severn Dri. Esh —6B 20
Severn Dri. W On T —6C 18
Seymour Av. Mord —4G 23
Seymour Clo. E Mol —2H 19
Seymour Gdns. Felt —1B 12
Seymour Gdns. Surb —2G 21
Seymour Gdns. Twic —4C 8
Seymour Rd. SW18 —4J 11
Seymour Rd. SW19 —7G 11
Seymour Rd. W4 —1K 3
Seymour Rd. E Mol —2H 19
Seymour Rd. Hamp —2H 13
Seymour Rd. King T —5E 14
Shacklegate La. Tedd —1K 13
Shadbolt Clo. Wor Pk —6C 22
Shaef Way. Tedd —4B 14
Shaftesbury Av. Felt —3A 6
Shaftesbury M. W8 —1K 5
(off Stratford Rd.)
Shaftesbury Rd. Rich —7F 3
Shaftesbury Way. Twic —7J 7
Shakespeare Way. Felt —1B 12
Shalden Ho. SW15 —3C 10
Shaldon Dri. Mord —2H 23
Shaldon Way. W On T —7B 18
Shalstone Rd. SW14 —7J 3
Shalston Vs. Surb —3G 21
Shannon Corner. (Junct.) —1D 22
Shannon Corner Retail Pk. N Mald —1D 22
Shanti Ct. SW18 —5K 11
Sharon Clo. Eps —2K 27
Sharon Clo. Surb —5E 20
Sharon Rd. W4 —2A 4
Shaw Dri. W On T —4B 18
Shawford Ct. SW15 —4D 10
Shawford Rd. Eps —3K 25
Shaws Path. King T —5D 14
(off High St. Hampton Wick,)
Sheen Comn. Dri. Rich —1H 9
Sheen Ct. Rd. Rich —1H 9
Sheendale Rd. Rich —1G 9
Sheen Ga. Gdns. SW14 —1K 9
Sheen La. SW14 —2K 9
Sheen Pk. Rich —1F 9
Sheen Rd. Rich —2F 9
Sheen Wood. SW14 —2K 9
Sheephouse Way. N Mald —5A 22
Sheep Wlk. M. SW19 —3G 17
Shelton Rd. SW19 —5K 17
Shepherd's Bush Rd. W6 —1F 5
Sheppard Clo. King T —1F 21
Sheraton Dri. Eps —2K 27
Sherborne Rd. Chess —2F 25
Sherborne Rd. Sutt —6K 23
Sherbrooke Rd. SW6 —4H 5
Shere Clo. Chess —2E 24
Sherfield Gdns. SW15 —3C 10
Sheridan Ct. Houn —2D 6
Sheridan Pl. SW13 —7C 4
Sheridan Pl. Hamp —5G 13
Sheridan Rd. SW19 —5J 17
Sheridan Rd. Rich —7D 8
Sheringham Av. Twic —5E 6
Sherland Rd. Twic —5A 8
Sherwood Clo. SW13 —7E 4
Sherwood Rd. SW19 —4J 17
Sherwood Rd. Hamp —2H 13
Shield Dri. Bren —3B 2
Shingle End. Bren —4D 2
Ship All. W4 —3H 3
Ship La. SW14 —7K 3
Shire Horse Way. Iswth —7A 2

44 A-Z Richmond & Kingston

Shire M. Whit —3H 7
Shire Pl. Bren —4D 2
Shires Clo. Asht —7E 26
Shires, The. Ham —1F 15
Shirley Clo. Houn —2H 7
Shirley Dri. Houn —2H 7
Shore Clo. Hamp —3D 12
Shore Gro. Felt —6F 7
Shorrold's Rd. SW6 —4J 5
Shortlands. W6 —1G 5
Shortlands Rd. King T —4G 15
Short Rd. W4 —3B 4
Short Way. Twic —4H 7
Shotfield Av. SW14 —1B 10
Shottendane Rd. SW6 —5K 5
Shrewsbury Av. SW14 —1A 10
Shrewsbury Clo. Surb —6F 21
Shrewsbury Wlk. Iswth —7B 2
Shrubland Gro. Wor Pk —7F 23
Shuters Sq. W14 —2J 5
Sidbury St. SW6 —5H 5
Sidney Gdns. Bren —3E 2
Sidney Rd. Twic —3B 8
Sidney Rd. W On T —4A 18
Sigrist Sq. King T —5F 15
Silver Cres. W4 —1J 3
Silverdale Dri. Sun —6A 12
Silverglade Bus. Pk. Chess —1D 26
Silverhall St. Iswth —7B 2
Silverton Rd. W6 —3G 5
Silver Tree Clo. W on T —7A 18
Simmons Clo. Chess —3D 24
Simpson Rd. Houn —3E 6
Simpson Rd. Rich —1D 14
Simrose Ct. SW18 —2K 11
Sinclair Rd. W14 —1H 5
Sion Ct. Twic —5C 8
Sion Rd. Twic —5C 8
Sir Cyril Black Way. SW19 —4K 17
Sir Oswald Stoll Foundation, The. SW6 —4K 5
(off Fulham Rd.)
Sir William Powell's Almshouses. SW6 —6H 5
Sispara Gdns. SW18 —3J 11
Sixth Cross Rd. Twic —7H 7
Skeena Hill. SW18 —4H 11
Skelgill Rd. SW15 —1J 11
Skelwith Rd. W6 —3F 5
Skerne Rd. King T —5E 14
Skinners La. Asht —7E 26
Slade Ho. Houn —3E 6
Slattery Rd. Felt —5B 6
Smallberry Av. Iswth —6A 2
Smeaton Clo. Chess —3E 24
Smeaton Rd. SW18 —4K 11
Smith Hill. Bren —3F 3
Smith St. Surb —3G 21
Smithwood Clo. SW19 —5H 11
Smoothfield. Houn —1F 7
Snowdrop Clo. Hamp —3F 13
Snowy Fielder Waye. Iswth —6C 2
Soames Wlk. N Mald —5B 16
Solna Av. SW15 —2F 11
Somer Ct. SW6 —3K 5
(off Anselm Rd.)
Somerset Av. SW20 —6E 16
Somerset Av. Chess —1E 24
Somerset Clo. N Mald —3B 22
Somerset Gdns. Tedd —2K 13
Somerset Lodge. Bren —3E 2
Somerset Rd. SW19 —7G 11
Somerset Rd. Bren —3D 2
Somerset Rd. King T —6G 15
Somerset Rd. Tedd —2K 13
Somerton Av. Rich —7J 3
Sonning Gdns. Hamp —3D 12
Sontan Ct. Twic —5J 7
Sopwith Av. Chess —2F 25
Sopwith Clo. King T —2G 15
Sopwith Way. King T —5F 15
Sorrento Rd. Sutt —7K 23
Souldern Rd. W14 —1G 5
South Av. Rich —6H 3
South Bank. Surb —3F 21
Southbank. Th Dit —4C 20
S. Bank Ter. Surb —3F 21
S. Black Lion La. W6 —2D 4
Southborough Clo. Surb —5E 20
Southborough Rd. Surb —5F 21
South Clo. Mord —3K 23
South Clo. Twic —7F 7
Southcombe St. W14 —1H 5
Southcote Av. Surb —4J 21
Southdean Gdns. SW19 —6J 11
Southdown Av. W7 —1B 2
Southdown Dri. SW20 —4G 17
Southdown Rd. SW20 —5G 17
Southdown Rd. W On T —7D 18
S. Ealing Rd. W5 —1E 2
S. Edwardes Sq. W8 —1J 5
Southerton Rd. W6 —1F 5
Southey Rd. SW19 —4K 17
Southfield Gdns. Twic —1A 14
Southfields. E Mol —3K 19
Southfields Ct. Sutt —6K 23
Southfields M. SW18 —3K 11
Southfields Pas. SW18 —3K 11
Southfields Rd. SW18 —3K 11
Southlands Dri. SW19 —6G 11
Southland Way. Houn —2J 7
South La. King T —7E 14
South La. N Mald —1A 22
South La. W. N Mald —1A 22
S. Lodge. Twic —4H 7
Southly Clo. Sutt —7K 23
Southmead Rd. SW19 —5H 11
Southmont Rd. Esh —6K 19
South Pde. W4 —1A 4
South Pk. Gro. N Mald —1K 21
South Pk. M. SW6 —7K 5
South Pk. Rd. SW19 —3K 17
South Pl. Surb —4G 21
Southridge Pl. SW20 —4G 17
South Rd. W5 —1E 2
South Rd. Felt —2C 12
South Rd. Hamp —3D 12
South Rd. Twic —7J 7
Southsea Rd. King T —1F 21
South Side. W6 —1C 4
Southside Comn. SW19 —3F 17
South St. Eps —2K 27
South St. Iswth —7B 2
South Ter. Surb —3F 21
S. View Rd. Asht —7E 26
Southville Rd. Th Dit —4C 20
Southway. SW20 —1F 23
S. Western Rd. Twic —3B 8
Southwood Av. King T —5K 15
Southwood Clo. Wor Pk —5G 23
Southwood Dri. Surb —4K 21
Southwood Gdns. Esh —7B 20
S. Worple Av. SW14 —7B 4
S. Worple Way. SW14 —7A 4
Sovereign Ct. Houn —1F 7
Sovereign Ct. W Mol —1E 18
Space Waye. Felt —2A 6
Spa Dri. Eps —3H 27
Sparks Clo. Hamp —3D 12
Sparrow Clo. Hamp —3D 12
Sparrow Farm Dri. Felt —4B 6
Spear M. SW5 —1K 5
Speer Rd. Th Dit —3A 20
Speirs Clo. N Mald —3C 22
Spencer Gdns. SW14 —2K 9
Spencer Hill. SW19 —3H 17
Spencer M. W6 —3H 5
Spencer Pk. E Mol —2H 19
Spencer Rd. SW20 —5E 16
Spencer Rd. W4 —4K 3
Spencer Rd. E Mol —1H 19
Spencer Rd. Twic —7K 7
Spencer Wlk. SW15 —1G 11
Spicer Clo. W On T —3B 18
Spinney Clo. N Mald —2B 22
Spinney Clo. Wor Pk —6C 22
Spinney, The. SW13 —3E 4
Spinney, The. Sun —5A 12
Spray La. Twic —3K 7
Spreighton Rd. W Mol —1G 19
Spring Cotts. Surb —2E 20
Springfield Av. SW20 —7J 17
Springfield Av. Hamp —3G 13
Springfield Pl. N Mald —1K 21
Springfield Rd. SW19 —2J 17
Springfield Rd. King T —7F 15
Springfield Rd. Tedd —2B 14
Springfield Rd. Twic —5F 7
Spring Gdns. W Mol —2G 19
Spring Gro. W4 —2H 3
Spring Gro. Hamp —5G 13
Spring Gro. Rd. Rich —2G 9
Spring Ter. Rich —2F 9
Springvale Av. Bren —2F 3
Spurfield. W Mol —7G 13
Spur Rd. Felt —1A 6
Spur Rd. Iswth —4B 2
Square, The. W6 —2F 5
Square, The. Rich —2E 8
Squires Ct. SW19 —1K 17
Squirrels Ct. Wor Pk —6C 22
(off Avenue, The)
Squirrels Grn. Wor Pk —6C 22
Stable Yd. SW15 —7F 5
Stafford Cripps Ho. SW6 —3J 5
(off Clem Attlee Ct.)
Stafford Pl. Rich —4G 9
Stafford Rd. N Mald —7K 15
Stag La. SW15 —7C 10
Stag Lane. (Junct.) —6C 10
Stags Way. Iswth —4A 2
Staines Av. Sutt —6G 23
Staines Rd. Felt & Houn —3A 6
Staines Rd. Twic —7F 7
Staines Rd. E. Sun —4A 12
Stamford Brook Av. W6 —1C 4
Stamford Brook Gdns. W6 —1C 4
Stamford Brook Mans. W6 —1C 4
(off Goldhawk Rd.)
Stamford Brook Rd. W6 —1C 4
Stamford Ct. W6 —1D 4
Stamford Grn. Rd. Eps —2J 27
Stamford Rd. W On T —7C 18
Stanborough Clo. Hamp —3E 12
Stanbridge Rd. SW15 —7F 5
Standard Rd. Houn —1D 6
Standen Rd. SW18 —4J 11
Standish Ho. W6 —1D 4
(off St Peter's Gro.)
Standish Rd. W6 —1D 4
Stanford Clo. Hamp —3E 12
Stanier Clo. W14 —2J 5
Stanley Av. N Mald —2D 22
Stanley Gdns. Rd. Tedd —2K 13
Stanley Rd. SW14 —1J 9
Stanley Rd. SW19 —3K 17
Stanley Rd. Houn —1H 7
Stanley Rd. Mord —1K 23
Stanley Rd. Twic & Tedd —1J 13
Stanmore Gdns. Rich —7G 3
Stanmore Rd. Rich —7G 3
Stanton Av. Tedd —3K 13
Stanton Clo. Eps —2J 25
Stanton Clo. Wor Pk —5G 23
Stanton Rd. SW13 —6C 4
Stanton Rd. SW20 —5G 17
Stanwick Rd. W14 —1J 5
Stapleford Clo. SW19 —4H 11
Stapleford Clo. King T —6H 15
Star & Garter Hill. Rich —5F 9
Starling Wlk. Hamp —2D 12
Star Rd. W14 —3J 5
Staten Gdns. Twic —5A 8
Station App. SW6 —7H 5
Station App. Eps —2K 27
Station App. Hamp —5F 13
Station App. Hin W —7A 20
Station App. King T —6H 15
Station App. Rich —5H 3
Station App. Sun —5A 12
Station App. Wor Pk —5D 22
Station App. Rd. W4 —4K 3
Station Av. N Mald —7B 16
Station Av. Rich —5H 3
Station Av. W on T —7A 18
Station Clo. Hamp —5G 13
Station Est. Rd. Felt —5A 6
Station Gdns. W4 —4K 3
Station Pde. Felt —5A 6
Station Pde. Rich —5H 3
Station Rd. SW13 —6C 4
Station Rd. Chess —2F 25
Station Rd. Esh —6J 19
Station Rd. Hamp —5F 13
Station Rd. Hamp W —5E 14
Station Rd. Houn —1G 7
Station Rd. King T —5H 15
Station Rd. N Mald —2E 22
Station Rd. Tedd —2A 14
Station Rd. Th Dit —4A 20
Station Rd. Twic —5A 8
Station Yd. Twic —4B 8
Staunton Rd. King T —3F 15
Staveley Gdns. W4 —5A 4
Staveley Rd. W4 —3K 3
Stayton Rd. Sutt —7K 23
Steadfast Rd. King T —5E 14
Steele Rd. Iswth —1B 8
Steeple Clo. SW6 —6H 5
Steeple Clo. SW19 —2H 17
Stephen Fox Ho. W4 —2B 4
(off Chiswick La.)
Stephenson Rd. Twic —4F 7
Sterling Pl. W5 —1F 3
Sterndale Rd. W14 —1G 5
Sterry Dri. Eps —7B 22
Sterry Dri. Th Dit —3K 19
Steve Biko Way. Houn —1F 7
Stevenage Rd. SW6 —4G 5
Stevens Clo. Hamp —2D 12
Stevens La. Clay —4B 24
Stewart Clo. Hamp —3D 12
Steyning Way. Houn —1B 6
Stile Hall Gdns. W4 —2H 3
Stile Hall Pde. W4 —2H 3
Stile Path. Sun —7A 12
Stillingfleet Rd. SW13 —3D 4
Stirling Rd. Twic —5F 7
Stirling Wlk. Surb —3J 21
Stockhurst Clo. SW15 —6G 5
Stoford Clo. SW19 —4H 11
Stokenchurch St. SW6 —5K 5
Stoke Rd. King T —4K 15
Stoke Rd. W On T —7B 18
Stokesby Rd. Chess —3G 25
Stompond La. W on T —6A 18
Stonecot Clo. Sutt —5H 23
Stonecot Hill. Sutt —5H 23
Stone Hall Gdns. W8 —1K 5
Stonehill Clo. SW14 —2A 10
Stonehill Rd. SW14 —2A 10
Stone Hill Rd. W4 —2H 3
Stoneleigh Av. Wor Pk —7D 22
Stone Pl. Wor Pk —6D 22
Stoneydeep. Tedd —1B 14
Stonny Croft. Asht —6G 27
Stonor Rd. W14 —1J 5
Stormont Way. Chess —2D 24
Stoughton Clo. SW15 —5D 10
Stourhead Clo. SW19 —4G 11
Stourhead Gdns. SW20 —7D 16
Stourton Av. Felt —1E 12
Strachan Pl. SW19 —3F 17
Strafford Rd. Houn —1E 6
Strafford Rd. Twic —4B 8
Strand on the Grn. W4 —3H 3
Strand School App. W4 —3H 3
Stratford Av. W8 —1K 5
Stratford Ct. N Mald —1A 22
Stratford Gro. SW15 —1G 11
Stratford Rd. W8 —1K 5
Strathan Clo. SW18 —3J 11
Strathearn Av. Twic —5G 7
Strathearn Rd. SW19 —2K 17
Strathmore Rd. SW19 —7K 11
Strathmore Rd. Tedd —1K 13
Strathville Rd. SW18 —6K 11
Stratton Clo. SW19 —6K 17
Stratton Clo. W On T —5B 18
Stratton Rd. SW19 —6K 17
Strawberry Hill. Twic —7A 8
Strawberry Hill Clo. Twic —7A 8
Strawberry Hill Rd. Twic —7A 8
Strawberry Vale. Twic —7B 8
Street, The. Asht —7G 27
Stretton Rd. Rich —6D 8
Strode Rd. SW6 —4H 5
Stroud Cres. SW15 —7D 10
Stroudes Clo. Wor Pk —4B 22
Stroud Rd. SW19 —7K 11
Stuart Av. W On T —5A 18
Stuart Gro. Tedd —2K 13
Stuart Rd. SW19 —7K 11
Stuart Rd. Rich —6C 8
Stubbs Ct. W4 —2J 3
(off Chaseley Dri.)
Studdridge St. SW6 —6K 5
Studland Rd. King T —3F 15
Studland St. W6 —1E 4
Sudbrook Gdns. Rich —7F 9
Sudbrook La. Rich —5F 9
Sudlow Rd. SW18 —2K 11
Suffolk Rd. SW13 —4C 4
Suffolk Rd. Wor Pk —6C 22
Sugden Rd. Th Dit —5C 20
Sulivan Ct. SW6 —6K 5
Sulivan Enterprise Cen. SW6 —7K 5
Sulivan Rd. SW6 —7K 5
Sullivan Clo. W Mol —7G 13
Summer Av. E Mol —2K 19
Summerfield. Asht —7E 26
Summerfield La. Surb —6E 20
Summer Gdns. E Mol —2K 19
Summer Rd. E Mol & Th Dit —2K 19
Summer Trees. Sun —5A 12
Summerwood Rd. Iswth —2A 8
Summit Bus. Pk. Sun —4A 12
Sun All. Rich —1F 9
Sunbury Av. SW14 —1A 10
Sunbury Ct. Island. Sun —7C 12
Sunbury Ct. M. Sun —6C 12
Sunbury Ct. Rd. Sun —6B 12
Sunbury La. W On T —3A 18
Sunburylock Ait. W On T —1A 18
Sunbury Rd. Sutt —7H 23
Sunbury Way. Felt —2B 12
Sunna Gdns. Sun —6A 12
Sunningdale Av. Felt —6D 6
Sunningdale Clo. Surb —6F 21
Sunningdale Ct. Houn —3J 7
(off Whitton Dene)
Sunningdale Gdns. W8 —1K 5
(off Stratford Rd.)
Sunningdale Rd. Sutt —7J 23
Sunnybank. Eps —5K 27
Sunnyhurst Clo. Sutt —7K 23
Sunnymead Rd. SW15 —2E 10
Sunnyside. SW19 —3H 17
Sunnyside. W On T —2B 18
Sunnyside Pas. SW19 —3H 17
Sunnyside Rd. Tedd —1J 13
Sunray Av. Surb —6J 21
Sunrise Clo. Felt —7E 6
Sun Rd. W14 —2J 5
Surbiton Ct. Surb —3D 20
Surbiton Cres. King T —1F 21
Surbiton Hall Clo. King T —1F 21
Surbiton Hill Pk. Surb —2G 21
Surbiton Hill Rd. Surb —2F 21
Surbiton Pde. Surb —3F 21
Surbiton Rd. King T —1E 20
Surrey Cres. W4 —2H 3
Sussex Av. Iswth —1K 7
Sussex Clo. N Mald —1B 22
Sussex Clo. Twic —3C 8
Sussex Gdns. Chess —3E 24
Sussex Pl. W6 —2F 5
Sussex Pl. N Mald —1B 22
Sussex Rd. N Mald —1B 22
Sutherland Gdns. SW14 —7B 4

Sutherland Gdns.—Victors Dri.

Sutherland Gdns. Wor Pk —5E 22
Sutherland Gro. SW18 —3H 11
Sutherland Gro. Tedd —2K 13
Sutherland Rd. W4 —3B 4
Sutton Comn. Rd. Sutt —4J 23
Sutton Ct. W4 —3K 3
Sutton Ct. Rd. W4 —4K 3
Sutton La. N. W4 —2K 3
Sutton La. S. W4 —3K 3
Swallow Pk. Cvn. Site Surb —7H 21
Swan Clo. Felt —1D 12
Swan Ct. Iswth —7C 2 (off Swan St.)
Swann Ct. Iswth —7B 2 (off South St.)
Swan Pl. SW13 —6C 4
Swan Rd. Felt —2D 12
Swanscombe Rd. W4 —2B 4
Swan St. Iswth —7C 2
Swanton Gdns. SW19 —5G 11
Swanwick Clo. SW15 —4C 10
Swaythling Ho. SW15 —3C 10 (off Tunworth Cres.)
Sweet Briar La. Eps —3K 27
Swift Rd. Felt —1C 12
Swift St. SW6 —5J 5
Swinburne Rd. SW15 —1D 10
Swinfield Clo. Felt —7D 6
Swyncombe Av. W5 —1C 2
Sycamore Clo. Felt —7A 6
Sycamore Ct. Houn —1D 6
Sycamore Ct. N Mald —7B 16
Sycamore Gro. N Mald —7A 16
Sycamore Rd. SW19 —3F 17
Sycamore Way. Tedd —3D 14
Sydney Rd. SW20 —6G 17
Sydney Rd. Rich —1F 9
Sydney Rd. Tedd —2A 14
Sylvan Gdns. Surb —4E 20
Sylvestrus Clo. King T —5H 15
Syon Ga. Way. Bren —4B 2
Syon La. Iswth —3A 2
Syon Pk. Gdns. Iswth —4A 2

Tabor Gro. SW19 —4H 17
Tabor Rd. W6 —1E 4
Tadworth Av. N Mald —2C 22
Talbot Rd. Iswth —1B 8
Talbot Rd. Twic —5K 7
Talgarth Mans. W14 —2H 5 (off Talgarth Rd.)
Talgarth Rd. W6 & W14 —2G 5
Talma Gdns. Twic —3K 7
Tamesis Gdns. Wor Pk —6B 22
Tamian Ind. Est. Houn —1B 6
Tamian Way. Houn —1B 6
Tamworth St. SW6 —3K 5
Tangier Rd. Rich —1H 9
Tanglewood Way. Felt —7A 6
Tangley Gro. SW15 —3C 10
Tangley Pk. Rd. Hamp —2E 12
Tangmere Gro. King T —2E 14
Tankerton Rd. Surb —6G 21
Tanners Clo. W On T —3A 18
Tasso Rd. W6 —3H 5
Tasso Yd. W6 —3H 5 (off Tasso Rd.)
Tatchbury Ho. SW15 —3C 10 (off Tunworth Cres.)
Taunton Av. SW20 —6E 16
Taunton Clo. Sutt —5K 23
Tawny Clo. Felt —7A 6
Tayben Av. Twic —3K 7
Taylor Av. Rich —6J 3
Taylor Clo. Hamp —2H 13
Taylor Rd. Asht —6E 26
Tealing Dri. Eps —1K 25
Teazlewood Pk. Lea —6B 26
Teck Clo. Iswth —6B 2
Tedder Clo. Chess —2D 24
Teddington Bus. Pk. Tedd (off Station Rd.) —3A 14
Teddington Pk. Tedd —2A 14
Teddington Pk. Rd. Tedd —1A 14
Teesdale Av. Iswth —5B 2
Teesdale Gdns. Iswth —5B 2
Telegraph La. Clay —2A 24
Telegraph Rd. SW15 —4E 10
Telephone Pl. SW6 —3J 5
Telford Dri. W On T —4B 18
Telford Rd. Twic —4F 7
Tellisford. Esh —7G 19
Tempest Ho. King T —5F 15 (off Sigrist Sq.)
Templar Pl. Hamp —4F 13
Temple Clo. Eps —1K 27
Templecombe Way. Mord —2H 23
Temple Ct. Eps —1K 27
Temple Rd. W4 —1K 3
Temple Rd. W5 —1E 2
Temple Rd. Eps —1K 27
Temple Rd. Houn —1H 7
Temple Rd. Rich —6G 3
Temple Sheen. SW14 —2K 9
Temple Sheen Rd. SW14 —1J 9
Templeton Pl. SW5 —1K 5
Tennis Ct. La. E Mol —7A 14
Tennyson Av. N Mald —2E 22
Tennyson Av. Twic —5A 8
Tennyson Mans. W14 —3H 5 (off Queen's Club Gdns.)
Terrace Gdns. SW13 —6C 4
Terrace La. Rich —3F 9
Terrace Rd. W On T —4A 18
Terrace, The. SW13 —6B 4
Thackeray Clo. SW19 —4G 17
Thackeray Clo. Iswth —6B 2
Thackeray Ct. W14 —1H 5 (off Blythe Rd.)
Thames Bank. SW14 —6K 3
Thames Clo. Hamp —6G 13
Thames Cres. W4 —4B 4
Thamesgate Clo. Rich —1C 14
Thameside. Tedd —4E 14
Thameside. W Mol —7G 13
Thameside Cen. Bren —3G 3
Thames Lock. Sun —7A 12
Thames Mead. W On T —3A 18
Thames Meadow. W Mol —6F 13
Thames Pl. SW15 —7G 5 (in two parts)
Thamespoint. Tedd —4E 14
Thames Rd. W4 —3H 3
Thames Rd. Rich —3H 3
Thames Side. King T —5E 14
Thames St. Hamp —5G 13
Thames St. King T —6E 14
Thames St. Sun —1A 18
Thamesview Houses. W on T —3A 18
Thames Village. W4 —5K 3
Thatchers Way. Iswth —2J 7
Thaxted Pl. SW20 —4G 17
Thaxton Rd. W14 —3J 5
Theatre Ct. Eps —2K 27
Thelma Gro. Tedd —3B 14
Theresa Rd. W6 —1D 4
Thetford Rd. N Mald —3A 22
Thetis Ter. Rich —3H 3
Third Clo. W Mol —1H 19
Third Cross Rd. Twic —6J 7
Thistledene. Th Dit —3K 19
Thistleworth Marina. Iswth (off Railshead Rd.) —1C 8
Thomas Pk. King T —3K 15
Thompson Av. Rich —7H 3
Thorkhill Gdns. Th Dit —5B 20
Thorkhill Rd. Th Dit —5B 20
Thorndon Gdns. Eps —7C 22
Thorne Ho. Clay —4C 24
Thorne Pas. SW13 —6B 4
Thorne St. SW13 —7B 4
Thorneycroft Clo. W On T —3B 18
Thorney Hedge Rd. W4 —1J 3
Thornhill Av. Surb —6F 21
Thornhill Ho. W4 —2B 4 (off Wood St.)
Thornhill Rd. Surb —6F 21
Thornton Av. W4 —1B 4
Thornton Hill. SW19 —4H 17
Thornton Rd. SW14 —1A 10
Thornton Rd. SW19 —3G 17
Thornton Rd. E. SW19 —3G 17
Thornycroft Ho. W4 —2B 4 (off Fraser St.)
Thorpe Rd. King T —4F 15
Thrigby Rd. Chess —3G 25
Thurleston Av. Mord —2H 23
Thurnby Ct. Twic —7K 7
Thursley Gdns. SW19 —6G 11
Thurstan Rd. SW20 —4E 16
Tibbet's Clo. SW19 —5G 11
Tibbet's Corner. (Junct.) —4G 11
Tibbet's Ride. SW15 —4G 11
Tichmarsh. Eps —7K 25
Tideswell Rd. SW15 —1F 11
Tideway Clo. Rich —1C 14
Tildesley Rd. SW15 —3F 11
Tilford Gdns. SW19 —5G 11
Tilton St. SW6 —3H 5
Timbercroft. Eps —7B 22
Timberhill. Asht —7F 27
Timsbury Wlk. SW15 —5D 10
Tinderbox All. SW14 —7A 4
Tintern Clo. SW15 —2H 11
Tiree Clo. Rich —5E 8
Tithe Barn Clo. King T —5G 15
Tithe Clo. W On T —3A 18
Tiverton Way. Chess —2E 24
Tivoli Rd. Houn —1D 6
Toad La. Houn —1E 6
Toby Way. Surb —6J 21
Token Yd. SW15 —1H 11
Toland Sq. SW15 —2D 10
Tolson Rd. Iswth —7B 2
Tolverne Rd. SW20 —5F 17
Tolworth Clo. Surb —5J 21
Tolworth Junction. (Junct.) —6J 21
Tolworth Pk. Rd. Surb —6G 21
Tolworth Rise N. Surb —5J 21
Tolworth Rise S. Surb —5J 21
Tolworth Rd. Surb —6F 21
Tolworth Tower. Surb —6J 21
Tomlin Clo. Eps —7K 25
Tomlin Ct. Eps —7K 25
Tomlins All. Twic —5B 8
Tomlinson Clo. W4 —2J 3
Tom Williams Ho. SW6 —3J 5 (off Clem Attlee Ct.)
Tonbridge Rd. W Mol —1E 18
Tonfield Rd. Sutt —5J 23
Tonstall Rd. Eps —6K 25
Topiary Sq. Rich —7G 3
Torrington Rd. Clay —3A 24
Torrington Way. Mord —3K 23
Torwood Rd. SW15 —2D 10
Tournay Rd. SW6 —4J 5
Tower Gdns. Clay —4B 24
Tower Rise. Rich —7F 3
Tower Rd. Twic —7A 8
Towers Pl. Rich —2F 9
Tower Yd. Rich —2G 9
Towfield Ct. Felt —6E 6
Towfield Rd. Felt —6E 6
Town Field Way. Iswth —6B 2
Town Hall Av. W4 —2A 4
Town Meadow. Bren —3E 2
Town Meadow Rd. Bren —4E 2
Townmead Rd. Rich —6J 3
Townshend Rd. Rich —1G 9
Townshend Ter. Rich —1G 9
Town Sq. Iswth —7C 2 (off Swan St.)
Town Wharf. Iswth —7C 2
Toynbee Rd. SW20 —5H 17
Trafalgar Av. Wor Pk —5G 23
Trafalgar Dri. W On T —7A 18
Trafalgar Rd. Twic —6J 7
Tranmere Rd. Twic —4G 7
Transport Av. Bren —2B 2
Traps La. N Mald —5B 16
Treaty Cen. Houn —1G 7
Trebovir Rd. SW5 —2K 5
Tree Clo. Rich —5E 8
Treen Av. SW13 —7C 4
Tregaron Gdns. N Mald —1B 22
Trehern Rd. SW14 —7A 4
Trematon Pl. Tedd —4D 14
Trenchard Ct. Mord —3K 23
Trentham St. SW18 —5K 11
Trent Way. Wor Pk —7F 23
Trevanion Rd. W14 —2H 5
Treville St. SW15 —4E 10
Trevor Clo. Iswth —2A 8
Trevor Rd. SW19 —4H 17
Trewenna Dri. Chess —2E 24
Trewince Rd. SW20 —5F 17
Triangle, The. King T —6K 15
Trimmer Wlk. Bren —3F 3
Tring Ct. Twic —1B 14
Trinity Chu. Pas. SW13 —3E 4
Trinity Chu. Rd. SW13 —3E 4
Trinity Clo. Houn —1D 6
Trinity Cotts. Rich —7G 3
Trinity Rd. SW19 —3K 17
Trinity Rd. Rich —7G 3
Trowlock Av. Tedd —3D 14
Trowlock Way. Tedd —3E 14
Trussley Rd. W6 —1F 5
Trystings Clo. Clay —3B 24
Tucklow Wlk. SW15 —4C 10
Tudor Av. Hamp —4F 13
Tudor Av. Wor Pk —7E 22
Tudor Clo. Chess —2F 25
Tudor Clo. Hamp —2H 13
Tudor Ct. Felt —1B 12
Tudor Ct. Tedd —3A 14
Tudor Dri. King T —2E 14
Tudor Dri. Mord —3G 23
Tudor Dri. W on T —5C 18
Tudor Gdns. SW13 —7B 4
Tudor Gdns. Twic —5A 8
Tudor Rd. Hamp —4F 13
Tudor Rd. Houn —1J 7
Tudor Rd. King T —4H 15
Tufton Gdns. W Mol —6G 13
Tulip Clo. Hamp —3E 12
Tunstall Wlk. Bren —3F 3
Tunworth Cres. SW15 —3C 10
Turner Av. Twic —7H 7
Turner Rd. N Mald —4A 22
Turneville Rd. W14 —3J 5
Turnham Grn. Ter. W4 —1B 4
Turnham Grn. Ter. M. W4 —1B 4
Turnpike Way Iswth —5B 2
Twickenham Bri. Twic & Rich —2D 8
Twickenham Rd. Felt —7E 6
Twickenham Rd. Iswth —2B 8
Twickenham Rd. Rich —1D 8
Twickenham Rd. Tedd —1B 14
Twickenham Trad. Est. Twic —3A 8
Twining Av. Twic —7H 7
Tybenham Rd. SW19 —7K 17
Tynan Clo. Felt —5A 6
Tyrawley Rd. SW6 —5K 5

Udney Pk. Rd. Tedd —3B 14
Ullswater Clo. SW15 —1A 16
Ullswater Cres. SW15 —1A 16
Ullswater Rd. SW13 —4D 4
Ulva Rd. SW15 —2G 11
Umbria St. SW15 —3D 10
Union Ct. Rich —2F 9
Union St. King T —6E 14
Unwin Mans. W14 —3H 5 (off Queen's Club Gdns.)
Unwin Rd. Iswth —7A 2
Upham Pk. Rd. W4 —1B 4
Uplands Clo. SW14 —2J 9
Up. Brighton Rd. Surb —3E 20
Up. Butts. Bren —3D 2
Up. Court Rd. Eps —7K 25
Up. Farm Rd. W Mol —1E 18
Up. Grotto Rd. Twic —6A 8
Up. Ham Rd. Rich —1E 14
Up. Mall. W6 —2D 4 (in two parts)
Up. Palace Rd. E Mol —7J 13
Up. Park Rd. King T —3H 15
Up. Richmond Rd. SW15 —1C 10
Up. Richmond Rd. W. Rich & SW14 —1H 9
Upper Sq. Iswth —7B 2
Up. Staithe. W4 —5K 3
Up. Sunbury Rd. Hamp —5D 12
Up. Teddington Rd. King T —4D 14
Upton Rd. Houn —1F 7
Urmston Dri. SW19 —5H 11
Uxbridge Rd. Felt —6B 6
Uxbridge Rd. Hamp —1F 13
Uxbridge Rd. King T —1E 20

Vale Cres. SW15 —1B 16
Vale Croft. Clay —5A 24
Vale Rd. Clay —5A 24
Vale Rd. Eps —7C 22
Vale Rd. Wor Pk —7C 22
Vale Rd. N. Surb —6F 21
Vale Rd. S. Surb —6F 21
Vale, The. Felt —3A 6
Vale, The. Sun —3A 12
Valley M. Twic —6A 8
Vallis Way. Chess —1E 24
Valonia Gdns. SW18 —3J 11
Vanbrugh Dri. W On T —3B 18
Vancouver Clo. Eps —7K 25
Vancouver Rd. Rich —1D 14
Van Dyck Av. N Mald —4A 22
Vandyke Clo. SW15 —4G 11
Vanston Pl. SW6 —4K 5
Vantage W. Bren —1G 3
Vanweck Sq. SW15 —2D 10
Varna Rd. SW6 —4H 5
Varna Rd. Hamp —5G 13
Varsity Dri. Twic —2K 7
Varsity Row. SW14 —6K 3
Vaughan Av. W6 —1C 4
Vaughan Clo. Hamp —3D 12
Vaughan Rd. Th Dit —4C 20
Vencourt Pl. W6 —1D 4
Vera Rd. SW6 —5H 5
Verbena Gdns. W6 —2D 4
Verdun Rd. SW13 —3D 4
Vereker Dri. Sun —7A 12
Vereker Rd. W14 —2H 5
Vermont Rd. Sutt —7K 23
Verne Ct. W3 —1K 3 (off Vincent Rd.)
Vernon Av. SW20 —6G 17
Vernon Clo. Eps —3K 25
Vernon M. W14 —1H 5 (off Vernon St.)
Vernon Rd. SW14 —7A 4
Vernon St. W14 —1H 5
Verona Dri. Surb —6F 21
Vicarage Dri. SW14 —2A 10
Vicarage Fields. W On T —3B 18
Vicarage Rd. SW14 —2A 10
Vicarage Rd. Hamp W —5D 14
Vicarage Rd. King T —6E 14
Vicarage Rd. Sutt —7K 23
Vicarage Rd. Tedd —2B 14
Vicarage Rd. Twic —6K 7
Vicarage Rd. Whit —3H 7
Victoria Av. Houn —2F 7
Victoria Av. Surb —3E 20
Victoria Av. W Mol —7G 13
Victoria Clo. W Mol —7F 13
Victoria Cotts. Rich —5G 3
Victoria Cres. SW19 —4J 17
Victoria Dri. SW19 —4G 11
Victoria Pde. Rich —5H 3 (off Sandycombe Rd.)
Victoria Pl. Rich —2E 8
Victoria Rd. SW14 —7A 4
Victoria Rd. Felt —5A 6
Victoria Rd. King T —6G 15
Victoria Rd. Surb —3E 20
Victoria Rd. Tedd —3B 14
Victoria Rd. Twic —4C 8
Victoria Vs. Rich —1G 9
Victor Rd. Tedd —1K 13
Victors Dri. Hamp —3D 12

46 A-Z Richmond & Kingston

Victory Bus. Cen.—Wimbledon Bri.

Victory Bus. Cen. Iswth —1A 8
Vidler Clo. Chess —3D 24
Viewfield Rd. SW18 —3J 11
Viking Ct. SW6 —3K 5
Villiers Av. Surb —2G 21
Villiers Av. Twic —5E 6
Villiers Clo. Surb —1G 21
Villiers Path. Surb —2F 21
Villiers Rd. King T —1G 21
Vincam Clo. Twic —4F 7
Vincent Av. Surb —6K 21
Vincent Clo. Esh —7G 19
Vincent Rd. King T —7H 15
Vincent Row. Hamp —3H 13
Vine Clo. Surb —3G 21
Vine Pl. Houn —1G 7
Viner Clo. W On T —3B 18
Vine Rd. SW13 —7C 4
Vine Rd. E Mol —1H 19
Vine Sq. W14 —2J 5
(off Star Rd.)
Vineyard Clo. King T —7G 15
Vineyard Hill Rd. SW19 —1K 17
Vineyard Pas. Rich —2F 9
Vineyard Path. SW14 —7A 4
Vineyard Row. Hamp W —5D 14
Vineyard, The. Rich —2F 9
Viola Av. Felt —3B 6
Virginia Clo. Asht —7E 26
Virginia Clo. N Mald —1K 21
Vivien Clo. Chess —4F 25
Vivienne Clo. Twic —3E 8
Voewood Clo. N Mald —3C 22

Wades La. Tedd —2B 14
Wadham Rd. SW15 —1H 11
Wadhurst Rd. W4 —1A 4
Waight's Ct. King T —5F 15
Wainford Clo. SW19 —4G 11
Wainwright Gro. Iswth —1J 7
Wakefield Rd. Rich —2E 8
Waldeck Rd. SW14 —7K 3
Waldeck Rd. W4 —3H 3
Waldegrave Av. Tedd —2A 14
Waldegrave Gdns. Twic —6A 8
Waldegrave Pk. Twic —1A 14
Waldegrave Rd. Twic & Tedd —1A 14
Waldemar Av. SW6 —5H 5
Waldemar Rd. SW19 —2K 17
Walham Grn. Ct. SW6 —4K 5
(off Waterford Rd.)
Walham Gro. SW6 —4K 5
Walham Rise. SW19 —3H 17
Walham Yd. SW6 —4K 5
Walker Clo. Hamp —3E 12
Walkers Pl. SW15 —1H 11
Wallbrook Bus. Cen. Houn —1A 6
Wallgrave Ter. SW5 —1K 5
(off Redfield La.)
Wallorton Gdns. SW14 —1A 10
Walnut Tree Clo. SW13 —5C 4
Walnut Tree Cotts. SW19 —2H 17
Walnut Tree Rd. Bren —3F 3
Walpole Av. Rich —6G 3
Walpole Ct. Twic —6K 7
Walpole Cres. Tedd —2A 14
Walpole Gdns. W4 —2K 3
Walpole Gdns. Twic —6K 7
Walpole Pl. Tedd —2A 14
Walpole Rd. Surb —4F 21
Walpole Rd. Tedd —2A 14
Walpole Rd. Twic —6K 7
Walsham Rd. Felt —4A 6
Walters Mead. Asht —6F 27
Walter St. King T —5F 15
Walton Av. N Mald —1C 22
Walton Av. Sutt —7J 23
Walton Pk. W On T —6C 18
Walton Pk. La. W On T —6C 18
Walton Rd. E Mol —1H 19
Walton Rd. W on T & W Mol —2B 18
Wanborough Dri. SW15 —5E 10
Wandle Ct. Eps —1K 25
Wandsworth Bri. Rd. SW6 —5K 5
Wandsworth Gyratory. (Junct.) —2K 11
Wandsworth High St. SW18 —2K 11
Wandsworth Plain. SW18 —2K 11
Warbank La. King T —4C 16
Warboys App. King T —3J 15
Warboys Rd. King T —3J 15
Warburton Rd. Twic —5G 7
Wardo Av. SW6 —5H 5
Wareham Clo. Houn —1G 7
Warfield Rd. Hamp —5G 13
Warkworth Gdns. Iswth —4B 2
Warner Av. Sutt —6H 23
Warner Clo. Hamp —2E 12
Warners La. Rich —1E 14
Warnford Ho. SW15 —3B 10
(off Tunworth Cres.)
Warren Av. Rich —1J 9
Warren Clo. Esh —7G 19
Warren Cutting. King T —4A 16
Warren Dri. N. Surb —5J 21
Warren Dri. S. Surb —5K 21
Warren Footpath. Twic —5D 8
Warren Hill. Eps —5K 27
Warren Pk. King T —3K 15
Warren Rise. N Mald —5A 16
Warren Rd. King T —3K 15
Warren Rd. Twic —3H 7
Warren, The. Wor Pk —7A 22
Warrington Rd. Rich —2E 8
Warwick Clo. SW15 —4C 10
Warwick Clo. Hamp —4H 13
Warwick Dri. SW15 —7E 4
Warwick Gdns. W14 —1J 5
Warwick Gdns. Asht —6D 26
Warwick Gdns. Th Dit —2A 20
Warwick Gro. Surb —4G 21
Warwick Lodge. Twic —7G 7
Warwick Pl. Th Dit —3B 20
Warwick Rd. W14 & SW5 —1J 5
Warwick Rd. King T —5D 14
Warwick Rd. N Mald —7K 15
Warwick Rd. Th Dit —2A 20
Warwick Rd. Twic —5K 7
Washington Rd. SW13 —4D 4
Washington Rd. King T —6H 15
Washington Rd. Wor Pk —6E 22
Watchfield Ct. W4 —2K 3
Watcombe Cotts. Rich —3H 3
Waterford Rd. SW6 —4K 5
Watergardens, The. King T —3K 15
Waterhouse Clo. W6 —1G 5
Water La. King T —5E 14
Water La. Rich —2E 8
Water La. Twic —5B 8
Waterloo Pl. Rich —3H 3
(Kew)
Waterloo Pl. Rich —1F 9
(Richmond)
Watermans Clo. King T —4F 15
Watermans Ct. Bren —3F 3
Waterman St. SW15 —7G 5
Watermill Clo. Rich —7D 8
Water Mill Ho. Felt —6F 7
Watermill Way. Felt —6E 6
Watersedge. Eps —1K 25
Waterside Clo. Surb —6F 21
Waterside Dri. W On T —2A 18
Waters Pl. SW15 —6F 5
Watersplash Clo. King T —7F 15
Waters Rd. King T —6J 15
Waters Sq. King T —7J 15
Watery La. SW20 —6J 17
Watney Rd. SW14 —7K 3
Watson Av. Sutt —6H 23
Watts La. Tedd —2B 14
Watts Rd. Th Dit —4B 20
Wavendon Av. W4 —2A 4
Waverley Av. Surb —3J 21
Waverley Av. Twic —5E 6
Waverley Clo. W Mol —2F 19
Wayneflete Tower Av. Esh —7F 19
Wayside. SW14 —2K 9
Wayside Ct. Twic —3D 8
Wealdstone Rd. Sutt —6J 23
Weavers Clo. Iswth —1K 7
Weavers Ter. SW6 —3K 5
(off Micklethwaite Rd.)
Webb Ho. Felt —7D 6
Weimar St. SW15 —7H 5
Weir Rd. W On T —3A 18
Weiss Rd. SW15 —7G 5
Welbeck Clo. N Mald —2C 22
Weldon Dri. W Mol —1E 18
Welford Pl. SW19 —1H 17
Wellesley Av. W6 —1E 4
Wellesley Ct. Sutt —5H 23
Wellesley Cres. Twic —6K 7
Wellesley Pde. Twic —7A 8
Wellesley Rd. W4 —2H 3
Wellesley Rd. Twic —7J 7
Wellington Av. Houn —2F 7
Wellington Av. Wor Pk —7F 23
Wellington Ct. Hamp —2J 13
Wellington Cres. N Mald —7K 15
Wellington Gdns. Twic —1J 13
Wellington Rd. SW19 —6K 11
Wellington Rd. W5 —1D 2
Wellington Rd. Hamp & Twic —2J 13
Wellington Rd. N. Houn —1E 6
Wellington Rd. S. Houn —1E 6
Well La. SW14 —2K 9
Wellmeadow Rd. W7 —1B 2
Wells Ho. Eps —3H 27
Wellside Gdns. SW14 —1K 9
Wells Rd. Eps —3H 27
Well Way. Eps —4H 27
Welsingham Lodge. SW13 —5D 4
Welstead Way. W4 —1C 4
Weltje Rd. W6 —1D 4
Wembley Rd. Hamp —5F 13
Wendover Dri. N Mald —3C 22
Wensleydale Gdns. Hamp —4G 13
Wensleydale Pas. Hamp —4F 13
Wensleydale Rd. Hamp —4F 13
Wentworth Clo. Mord —4K 23
Wentworth Clo. Surb —6E 20
Wentworth Ct. W6 —3H 5
(off Laundry Rd.)
Wentworth Ct. Twic —7K 7
Werter Rd. SW15 —1H 11
Wessex Av. SW19 —7K 17
Wessex Clo. King T —5J 15
Westbank Rd. Hamp —3H 13
W. Barnes La. N Mald & SW20 —2E 22
Westbourne Av. Sutt —6H 23
Westbrook Av. Hamp —4E 12
Westbury Av. Clay —3A 24
Westbury Pl. Bren —3E 2
Westbury Rd. Felt —5C 6
Westbury Rd. N Mald —1A 22
West Clo. Hamp —3D 12
Westcoombe Av. SW20 —5C 16
Westcroft Gdns. Mord —1J 23
Westcroft Sq. W6 —1D 4
W. Cromwell Rd. W14 & SW5 —2J 5
W. Cross Cen. Bren —3B 2
W. Cross Way. Bren —3C 2
Western Ter. W6 —2D 4
(off Chiswick Mall)
W. Farm Av. Asht —7D 26
W. Farm Clo. Asht —7D 26
West Field. Asht —7G 27
Westfield Clo. Sutt —7J 23
Westfield Ho. SW18 —5K 11
Westfield Rd. Surb —2E 20
Westfield Rd. Sutt —7J 23
Westfield Rd. W on T —4D 18
Westfields. SW13 —7C 4
Westfields Av. SW13 —7B 4
Westgate Clo. Eps —4K 27
West Gro. W on T —7A 18
W. Hall Rd. Rich —5J 3
Westhay Gdns. SW14 —2J 9
West Hill. SW15 & SW18 —4G 11
West Hill. Eps —2J 27
W. Hill Av. Eps —2J 27
W. Hill Ct. Eps —2K 27
(off Court La.)
W. Hill Rd. SW18 —3J 11
Westhorpe Rd. SW15 —7F 5
West Ho. Clo. SW19 —5H 11
W. Kensington Ct. W14 —2J 5
(off Edith Vs.)
W. Kensington Mans. W14
(off Beaumont Cres.) —2J 5
Westlands Ct. Eps —4K 27
Westleigh Av. SW15 —2E 10
Westmead. SW15 —3E 10
Westminster Clo. Tedd —2B 14
Westmont Rd. Esh —6K 19
Westmoreland Rd. SW13 —5C 4
Westmorland Clo. Twic —3C 8
Westmorland Ct. Surb —4E 20
Weston Av. Th Dit —4K 19
Weston Av. W Mol —1D 18
Weston Grn. Th Dit —5K 19
(in two parts)
Weston Grn. Rd. Esh & Th Dit
(in two parts) —5J 19
Weston Pk. King T —6F 15
Weston Pk. Th Dit —5K 19
Weston Pk. Clo. Th Dit —5K 19
Weston Rd. W4 —1K 3
Weston Rd. Th Dit —5K 19
West Pk. Av. Rich —5J 3
West Pk. Rd. Eps —1G 27
West Pk. Rd. Rich —5H 3
West Pl. SW19 —2F 17
West Rd. Chess —1D 26
West Rd. King T —5K 15
Westrow. SW15 —3F 11
W. Sheen Vale. Rich —1G 9
W. Side Comn. SW19 —2F 17
West St. Bren —3D 2
West St. Eps —2K 27
W. Temple Sheen. SW14 —2J 9
Westville Rd. Th Dit —5B 20
Westway. SW20 —1E 22
Westway Clo. SW20 —7E 16
Westwood Clo. Esh —7J 19
Westwood Gdns. SW13 —7C 4
Westwood Rd. SW13 —7C 4
Wetherby Way. Chess —4F 25
Wey Ct. Eps —1K 25
Weydown Clo. SW19 —5H 11
Weylands Clo. W On T —5E 18
Weymouth Av. W5 —1D 2
Wharfedale St. SW10 —2K 5
Wharf La. Twic —5B 8
Whatley Av. SW20 —7G 17
Wheatfield Way. King T —6F 15
Wheatley Ho. SW15 —4D 10
(off Tangley Gro.)
Wheatley Rd. Iswth —7A 2
Wheatsheaf La. SW6 —4F 5
Wheatsheaf Ter. SW6 —4J 5
Wheelers La. Eps —3J 27
Whitefield Clo. SW15 —3H 11
Whitehall Cres. Chess —2E 24
Whitehall Gdns. W4 —3J 3
Whitehall Pk. Rd. W4 —3J 3
White Hart La. SW13 —6B 4
White Heron M. Tedd —3A 14
White Horse Dri. Eps —3K 27
Whiteley's Cotts. W14 —1J 5
Whiteley's Way. Felt —7F 7
White Lion Ct. Iswth —7C 2
Whitestile Rd. Bren —2D 2
Whiteswan M. W4 —2B 4
Whitlock Dri. SW19 —5H 11
Whitmores Clo. Eps —4K 27
Whitnell Way. SW15 —2F 11
Whittaker Av. Rich —2E 8
Whittaker Ct. Asht —6E 26
Whittaker Pl. Rich —2E 8
(off Whittaker Av.)
Whittaker Rd. Sutt —7J 23
Whittingham Ct. W4 —4B 4
Whittingstall Rd. SW6 —5J 5
Whitton Dene. Houn & Iswth —2H 7
Whitton Mnr. Rd. Iswth —3H 7
Whitton Rd. Houn —1G 7
Whitton Rd. Twic —3K 7
Whitton Waye. Houn —3F 7
Wickham Clo. N Mald —3C 22
Wick Rd. Tedd —4C 14
Wicksteed Ho. Bren —2G 3
Wigley Rd. Felt —6C 6
Wilberforce Way. SW19 —3G 17
Wilcox Rd. Tedd —1J 13
Wildcroft Mnr. SW15 —4F 11
Wildcroft Rd. SW15 —4F 11
Wilderness, The. E Mol —2H 19
Wilderness, The. Hamp —1G 13
Willcocks Clo. Chess —7F 21
William Banfield Ho. SW6
(off Munster Rd.) —6J 5
William Clo. SW6 —4H 5
(off Dawes Rd.)
William Gdns. SW15 —2E 10
William Morris Ho. W6 —3G 5
(off Margravine Rd.)
William Rd. SW19 —4H 17
William's La. SW14 —7K 3
Willingham Way. King T —7H 15
Willis Clo. Eps —3J 27
Willmore End. SW19 —5K 17
Willoughby Rd. King T —5G 15
Willoughby Rd. Twic —2D 8
Willoughbys, The. SW14 —7B 4
Willow Av. SW13 —6C 4
Willow Bank. SW6 —7H 5
Willow Bank. Rich —7C 8
Willow Clo. Bren —3D 2
Willow Cotts. Hanw —7D 6
Willow Cotts. Rich —3H 3
Willow Ct. W4 —4B 4
(off Corney Reach Way)
Willowdene Clo. Twic —4H 7
Willow End. Surb —5F 21
Willow Farm La. SW15 —7E 4
Willowhayne Dri. W On T —4A 18
Willowhayne Gdns. Wor Pk —7F 23
Willow Lodge. SW6 —5F 5
Willow Rd. N Mald —1K 21
Willows Path. Eps —3J 27
Willow Wlk. Sutt —7J 23
Willow Way. Twic —6G 7
Wills Cres. Houn —3G 7
Wilmer Clo. King T —2G 15
Wilmer Cres. King T —2G 15
Wilmerhatch La. Eps —7J 27
Wilmington Av. W4 —4A 4
Wilson M. SW15 —2D 10
Wilson Rd. Chess —3G 25
Wilson's Rd. W6 —2G 5
Wilson Wlk. W4 —1C 4
(off Prebend Gdns.)
Wilton Av. W4 —2B 4
Wilton Cres. SW19 —4J 17
Wilton Gdns. W On T —5C 18
Wilton Gdns. W Mol —7F 13
Wilton Gro. SW19 —4J 17
Wilton Gro. N Mald —3C 22
Wilton Pde. Felt —6A 6
Wilton Row. SW6 —4H 5
Wiltshire Gdns. Twic —5H 7
Wilverley Cres. N Mald —3B 22
Wimbledon Bri. SW19 —3J 17

A-Z Richmond & Kingston 47

Wimbledon Hill Rd.—York Way

Wimbledon Hill Rd. *SW19* —3H **17**	
Wimbledon Pk. Rd. *SW19 & SW18* —6H **11**	
Wimbledon Pk. Side. *SW19* —7G **11**	
Wimborne Clo. *Wor Pk* —5F **23**	
Wimpole Clo. *King T* —6G **15**	
Wincanton Rd. *SW18* —4J **11**	
Winchelsea Clo. *SW15* —2G **11**	
Winchendon Rd. *SW6* —5J **5**	
Winchendon Rd. *Tedd* —1J **13**	
Winchester Clo. *Esh* —7F **19**	
Winchester Clo. *King T* —4J **15**	
Winchester Rd. *Felt* —7E **6**	
Winchester Rd. *Twic* —3C **8**	
Winchfield Ho. *SW15* —3C **10**	
Winchilsea Cres. *W Mol* —6H **13**	
Windermere Av. *SW19* —7K **17**	
Windermere Ct. *SW13* —3C **4**	
Windermere Rd. *SW15* —1B **16**	
Windham Rd. *Rich* —7G **3**	
Windlesham Gro. *SW19* —5G **11**	
Windmill Clo. *Surb* —5D **20**	
Windmill Ct. *W7* —1D **2** (off Windmill Rd.)	
Windmill La. *S'hall & Iswth* —2A **2**	
Windmill La. *Surb* —3C **20**	
Windmill M. *W4* —1B **4**	
Windmill Pas. *W4* —1B **4**	
Windmill Rise. *Mord* —4J **23**	
Windmill Rd. *SW19* —1E **16**	
Windmill Rd. *W4* —1B **4**	
Windmill Rd. *W5 & Bren* —1D **2**	
Windmill Rd. *Hamp* —2G **13**	
Windrush Clo. *W4* —5K **3**	
Windsor Av. *N Mald* —2K **21**	
Windsor Av. *W Mol* —7F **13**	
Windsor Clo. *Bren* —3C **2**	
Windsor Rd. *King T* —4F **15**	
Windsor Rd. *Rich* —6G **3**	
Windsor Rd. *Tedd* —2J **13**	
Windsor Rd. *Wor Pk* —6D **22**	
Windsor Wlk. *W On T* —5C **18**	
Windsor Way. *W14* —1G **5**	
Windy Ridge Clo. *SW19* —2G **17**	
Winery La. *King T* —7G **15**	
Wingfield Rd. *King T* —3G **15**	
Wingrave Av. *W6* —3F **5**	
Winifred Rd. *SW19* —5K **17**	
Winifred Rd. *Hamp* —1F **13**	
Winslow Rd. *W6* —3F **5**	
Winslow Way. *Felt* —7D **6**	
Winslow Way. *W On T* —7B **18**	
Winston Wlk. *W4* —1A **4**	
Winter Box Wlk. *Rich* —2G **9**	
Winterfold Clo. *SW19* —6H **11**	
Winters Rd. *Th Dit* —4C **20**	
Winthorpe Rd. *SW15* —1H **11**	
Wisdom Ct. *Iswth* —7B **2** (off South St.)	
Wishford Ct. *Asht* —7G **27**	
Withers Clo. *Chess* —3D **24**	
Withycombe Rd. *SW19* —4G **11**	
Wittering Clo. *King T* —2E **14**	
Wivenhoe Ct. *Houn* —1E **6**	
Woffington Clo. *King T* —5D **14**	
Woking Clo. *SW15* —1C **10**	
Wolfson Rehabilitation Cen., The. *SW20* —4D **16**	
Wolseley Av. *SW19* —6K **11**	
Wolseley Gdns. *W4* —3J **3**	
Wolseley Rd. *W4* —1K **3**	
Wolsey Av. *Th Dit* —2A **20**	
Wolsey Clo. *SW20* —4E **16**	
Wolsey Clo. *Houn* —1H **7**	
Wolsey Clo. *King T* —5J **15**	
Wolsey Clo. *Wor Pk* —7D **22**	
Wolsey Cres. *Mord* —4H **23**	
Wolsey Dri. *King T* —2F **15**	
Wolsey Dri. *W On T* —5C **18**	
Wolsey Rd. *E Mol* —1J **19**	
Wolsey Rd. *Hamp* —3G **13**	
Wolsey Spring. *King T* —4K **15**	
Wolsey Way. *Chess* —2H **25**	
Wolverton Av. *King T* —5H **15**	
Wolverton Gdns. *W6* —1G **5**	
Wonford Clo. *King T* —5B **16**	
Woodbine Clo. *Twic* —6J **7**	
Woodbine La. *Wor Pk* —7F **23**	
Woodbines Av. *King T* —7E **14**	
Woodborough Rd. *SW15* —1E **10**	
Woodbourne Dri. *Clay* —3A **24**	
Woodbridge Av. *Lea* —7B **26**	
Woodbridge Corner. *Lea* —7B **26**	
Woodbridge Gro. *Lea* —7B **26**	
Woodcote Clo. *Eps* —3K **27**	
Woodcote Clo. *King T* —2G **15**	
Woodcote Grn. Rd. *Eps* —4K **27**	
Woodcote Ho. *Eps* —4K **27**	
Woodcote Hurst. *Eps* —5K **27**	
Woodcote Pk. Rd. *Eps* —5K **27**	
Woodcote Rd. *Eps* —3K **27**	
Woodcote Side. *Eps* —4J **27**	
Woodend. *Esh* —6H **19**	
Woodfield. *Asht* —6E **26**	
Woodfield Clo. *Asht* —6E **26**	
Woodfield Gdns. *N Mald* —2C **22**	
Woodfield La. *Asht* —6F **27**	
Woodfield Rd. *Asht* —6E **26**	
Woodfield Rd. *Th Dit* —6A **20**	
Woodgate Av. *Chess* —2E **24**	
Woodhayes Rd. *SW19* —4F **17**	
Woodland Gdns. *Iswth* —7A **2**	
Woodlands. *SW20* —1F **23**	
Woodlands. *Asht* —7G **27**	
Woodlands Av. *N Mald* —5K **15**	
Woodlands Av. *Wor Pk* —6C **22**	
Woodlands Clo. *Clay* —4A **24**	
Woodlands Dri. *Sun* —6B **12**	
Woodlands Ga. *SW15* —2J **11**	
Woodlands Gro. *Iswth* —6A **2**	
Woodlands Rd. *SW13* —7C **4**	
Woodlands Rd. *Eps* —4H **27**	
Woodlands Rd. *Surb* —4E **20**	
Woodlands Rd. *Iswth* —6A **2**	
Woodlands, The. *Esh* —5H **19**	
Woodlands, The. *Iswth* —6A **2**	
Woodlands Way. *SW15* —2J **11**	
Woodland Way. *Asht* —5H **27**	
Woodland Way. *Mord* —1J **23**	
Woodland Way. *Surb* —6J **21**	
Wood La. *Iswth* —3A **2**	
Woodlawn Clo. *SW15* —2J **11**	
Woodlawn Cres. *Twic* —6G **7**	
Woodlawn Dri. *Felt* —6C **6**	
Woodlawn Rd. *SW6* —4G **5**	
Woodlawns. *Eps* —4K **25**	
Woodlodge. *Asht* —6F **27**	
Woodside. *SW19* —3J **17**	
Woodside Av. *Esh* —4K **19**	
Woodside Av. *W on T* —7A **18**	
Woodside Clo. *Surb* —4K **21**	
Woodside Rd. *King T* —4F **15**	
Woodside Rd. *N Mald* —6A **16**	
Woodspring Rd. *SW19* —6H **11**	
Woodstock Av. *Iswth* —2B **8**	
Woodstock Av. *Sutt* —4J **23**	
Woodstock La. N. *Surb* —6D **20**	
Woodstock La. S. *Clay & Chess* —3C **24**	
Woodstock Rise. *Sutt* —4J **23**	
Woodstock Rd. *W4* —1B **4**	
Woodstock, The. (Junct.) —4J **23**	
Wood St. *W4* —2B **4**	
Wood St. *King T* —6E **14**	
Woodthorpe Rd. *SW15* —1E **10**	
Woodview. *Chess* —7D **24**	
Woodview Clo. *SW15* —1A **16**	
Woodville Clo. *Tedd* —1B **14**	
Woodville Gdns. *Surb* —4E **20**	
Woodville Rd. *Mord* —1K **23**	
Woodville Rd. *Rich* —7C **8**	
Woodward Clo. *Clay* —3A **24**	
Woodward's Footpath. *Twic* —3J **7**	
Woolneigh St. *SW6* —7K **5**	
Wool Rd. *SW20* —3E **16**	
Worcester Ct. *W on T* —5B **18**	
Worcester Ct. *Wor Pk* —7B **22**	
Worcester Gdns. *Wor Pk* —7B **22**	
Worcester Pk. Rd. *Wor Pk* —7A **22**	
Worcester Rd. *SW19* —2J **17**	
Wordsworth Dri. *Sutt* —7F **23**	
Wordsworth Rd. *Hamp* —1E **12**	
Worlidge St. *W6* —2F **5**	
Worple Av. *SW19* —4G **17**	
Worple Av. *Iswth* —2B **8**	
Worple Rd. *SW20 & SW19* —6F **17**	
Worple Rd. *Iswth* —1B **8**	
Worple Rd. M. *SW19* —3J **17**	
Worple St. *SW14* —7A **4**	
Worple Way. *Rich* —2F **9**	
Worthington Rd. *Surb* —5G **21**	
Worton Ct. *Iswth* —1K **7**	
Worton Hall Ind. Est. *Iswth* —1K **7**	
Worton Rd. *Iswth* —1K **7**	
Wrayfield Rd. *Sutt* —7G **23**	
Wraysbury Clo. *Houn* —2D **6**	
Wrights All. *SW19* —3F **17**	
Wrights Wlk. *SW14* —7A **4**	
Wyatt Clo. *Felt* —5B **6**	
Wyatt Dri. *SW13* —3E **4**	
Wych Elm Pas. *King T* —4G **15**	
Wydell Clo. *Mord* —3G **23**	
Wyfold Rd. *SW6* —4H **5**	
Wyke Clo. *Iswth* —3A **2**	
Wyke Gdns. *W7* —1B **2**	
Wyke Rd. *SW20* —6F **17**	
Wymond St. *SW15* —7F **5**	
Wyncombe Av. *W5* —1C **2**	
Wyndham Ct. *W7* —1B **2**	
Wyndham Cres. *Houn* —3F **7**	
Wyndham Rd. *King T* —4G **15**	
Wynton Gro. *W On T* —7A **18**	
Wyvern Est. *N Mald* —1D **23**	
Xylon Ho. *Wor Pk* —6E **22**	
Yale Clo. *Houn* —2E **6**	
Yardley Ct. *Sutt* —7F **23**	
Yeend Clo. *W Mol* —1F **19**	
Yeldham Rd. *W6* —2G **5**	
Yelverton Lodge. *Twic* —4D **8**	
Yenston Clo. *Mord* —3K **23**	
Yeomans M. *Iswth* —3J **7**	
Yeovilton Pl. *King T* —2E **14**	
Yew Tree Clo. *Wor Pk* —5B **22**	
Yew Tree Gdns. *Eps* —4K **27**	
Yew Tree Wlk. *Houn* —2E **6**	
York Av. *SW14* —2K **9**	
York Clo. *Mord* —1K **23**	
York Gdns. *W On T* —6C **18**	
York Pde. *Bren* —2E **2**	
York Rd. *W5* —1D **2**	
York Rd. *Bren* —2E **2**	
York Rd. *King T* —4G **15**	
York Rd. *Rich* —2G **9**	
York Rd. *Tedd* —1K **13**	
York St. *Twic* —5B **8**	
York Way. *Chess* —4F **25**	
York Way. *Felt* —7E **6** (in two parts)	

Every possible care has been taken to ensure that the information given in this publication is accurate and whilst the publishers would be grateful to learn of any errors, they regret they cannot accept any responsibility for loss thereby caused.

The representation on the maps of a road, track or footpath is no evidence of the existence of a right of way.

The Grid on this map is the National Grid taken from the Ordnance Survey map with the permission of the Controller of Her Majesty's Stationery Office.

Copyright of Geographers' A-Z Map Co. Ltd.

No reproduction by any method whatsoever of any part of this publication is permitted without the prior consent of the copyright owners.